大连理工大学城市学院LJKMR20222049资金资助出版

艺术疗愈

——虚拟交互体验下的心理互助支援空间建设

武春沅　著

吉林出版集团股份有限公司
全国百佳图书出版单位

图书在版编目（CIP）数据

艺术疗愈：虚拟交互体验下的心理互助支援空间建设 / 武春沅著. -- 长春：吉林出版集团股份有限公司，2024. 12. -- ISBN 978-7-5731-6015-7

Ⅰ. G444

中国国家版本馆CIP数据核字第2024HD8428号

YISHU LIAOYU——XUNI JIAOHU TIYAN XIA DE XINLI HUZHU ZHIYUAN KONGJIAN JIANSHE

艺术疗愈——虚拟交互体验下的心理互助支援空间建设

著　　者　武春沅
责任编辑　金　昊
装帧设计　张红霞

出　　版　吉林出版集团股份有限公司
发　　行　吉林出版集团社科图书有限公司
地　　址　吉林省长春市南关区福祉大路5788号　邮编：130118
印　　刷　长春新华印刷集团有限公司
电　　话　0431-81629711（总编办）
抖 音 号　吉林出版集团社科图书有限公司 37009026326

开　　本　710 mm × 1000 mm　1 / 16
印　　张　17
字　　数　250 千字
版　　次　2025 年 1 月第 1 版
印　　次　2025 年 1 月第 1 次印刷

书　　号　ISBN 978-7-5731-6015-7
定　　价　84.00 元

前 言

作为一位母亲、教师，且步入人生的“不惑之年”，我深刻体会到自身角色的多样与责任的重大。自2006年开始担任大学教师以来，我有幸见证了许多学生的成长。他们的青春与奋斗，他们的迷茫与困惑，时常触动着我，使我意识到，许多年轻人在求学和生活的道路上，往往会感到迷茫和困惑。他们在面对内心的困惑与压力时，迫切需要一个可以诉说与交流的渠道，渴望得到理解和引导。然而，快节奏的现代社会生活和高强度的学习往往让他们难以寻找到合适的情感出口。

作为教师，我不仅希望能够在学业上给予学生帮助，更希望能够在他们的心理成长和自我认知方面提供支持。我深知，学生们不仅需要来自他人的关怀与引导，也需要掌握自我调节与自我帮助的能力。尤其是在现代社会，个体的心理健康正变得愈发重要，找到一种有效且可持续的方式来帮助学生解决心理问题，成为我日益关注的核心议题。

随着科技的迅猛发展，虚拟现实技术和交互式平台为心理健康支持提供了前所未有的发展机会。我一直以来的设想是，创建一个虚拟交互体验下的心理互助支援空间，它能够像商场中的按摩椅一样，随时随地为学生提供服务。这个空间不受时间和地域的限制，无论他们身处何地，只要进入其中，便可以通过线上治疗获得即时的心理支持与情绪调节。这样的系统能够帮助学生们在遇到情感困扰时，迅速找到适当的舒缓与支持渠道，使他们获得力量与内心平衡。这个虚拟心理互助空间不仅是一个线上交流与互助的平台，更是一个现代化的心理健康支持系统，它结合最新的技术与心理学理论，为大学生及其他群体提供一个安全、便捷且高效的心理支持环境。我坚信，随着时代的进步与技术的革新，这样的空间将成为未来心理健康服务的一个重要组成部分，帮助更多的人解决心理上的问题，提升他们的自我认知与心理韧性。

近年来，艺术疗愈逐渐成为解决心理问题的重要手段，尤其在缓解儿童抽动症和维护大学生心理健康的实际应用中得到了广泛关注。艺术疗愈通过创造性表达和视觉艺术的结合，帮助个体释放不良情绪、缓解压力，从而达到内心平衡与自我修复的目的。在实践中，我见证了艺术疗愈在不同人群中的有效性，特别是在那些陷入心理或者情感困境的人群中。无论是儿童抽动症的康复，还是大学生心理压力的纾解，艺术疗愈这一方式都对他们起到了积极的作用。

在针对抽动症儿童的疗愈实践中，艺术疗愈通过自由的艺术表达，帮助孩子们从无意识的情感中获得出口，使他们能够以创造性和非语言的方式表达压抑的情感和内心冲突。这不仅有效缓解了他们的症状，还让他们的自我意识逐渐得到增强，最终通过艺术的创造性力量，实现心理上的自我帮助与调节。同样，大学生群体面对学习压力、人际关系等多方面的挑战，艺术疗愈为他们提供了一条自我表达和心理疏导的途径。在实践中，艺术不仅是情感的载体，更是通往自我觉知与心灵重塑的桥梁。

艺术疗愈的核心理念是，大脑与内心都需要我们重新去认知。每个人的内在世界都充满着未被察觉的潜能，只有当我们能够超越现有的认知阶段，才能在精神层面找到新的前行路线。通过艺术，我们能够更深入地探索自己内心深处的情感，并以全新的方式看待自己和周围的世界。这不仅是一个自我疗愈的过程，也是一个自我发现与心灵成长的契机。

在本书中，我汇集了艺术疗愈的经验和实际应用的成果，期望通过具体的方法和案例，帮助更多的人了解并运用艺术疗愈这一方式方法。它不仅适用于有心理健康需求的个体，还为普通人提供了一种新的自我探索与自我调节的方式。通过本书，我希望能够将艺术疗愈的方法和理念介绍给更多的人：艺术是一种跨越语言的表达方式，它带给我们的不仅仅是美的体验，更是一种心灵的滋养。通过艺术，我们能够超越当下的困境，打破内心的局限，找到通往心灵自由的道路。我真诚希望，本书能够为读者以及读者身边的人提供切实可行的帮助，带领大家走出当下的心理困境，走向内心的宁静与自我成长。让我们一起通过艺术，打破既有的束缚，拥抱新的生活。

武春沅

大连理工大学城市学院

目 录

第一章　构建大学生心理互助支援空间的重要性

朱令事件、复旦投毒案、马加爵事件等，这些事件的发生引发了社会对大学生心理健康问题的深刻反思。在美好的校园环境中，一些个体可能会面临来自自身情绪积累的压力，导致不良行为的出现。这也提醒我们，即使在看似安全和有序的环境中，也不能忽视个体的心理健康和情绪管理问题。《2023年度中国精神心理健康》蓝皮书发布，当前我国正处在社会转型期，随着生活和工作节奏加快，社会竞争加剧，国民心理压力大大增加，人们的心理健康问题凸显。其中，作为全社会的关注重点——学生群体，面临着学业、就业等压力的增大，心理健康问题日益突出，且呈低龄趋势。

针对大学生心理问题，高校普遍采用了多种方法，常用的方法包括理论式心理健康教育、本院教师（有经验和无经验教师）提供心理咨询和支持服务、心理健康教育短途活动、心理健康评估、目的性心理咨询服务、家庭及教师协同教育（有些心理问题来源于家庭），以上形式过于单一、形式化强，整体成效不明显，缺少学生自我疗愈的有效性。如何能够精准地服务于大学生群体成为当下大学生心理互助支援的重要课题。

第一节 大学生心理健康现状分析

社会上现存的各种压力可能对大学生的心理健康产生负面影响，导致其焦虑、抑郁、社交恐惧、自卑、心理适应能力下降等心理问题。学校和社会应该高度重视学生的心理健康问题，为他们提供必要的支持和帮助，帮助他们有效应对各种压力，避免心理问题的发生和加剧。高等教育阶段的大学生面临的各种心理问题主要包括学业压力、人际关系压力、爱情压力、就业压力等6种类型。

一、学业压力

高等教育中的学业压力是一个普遍存在且备受关注的问题。当前，大学生面临着来自多方面的学习压力，包括但不限于以下几个方面：

（一）学习任务繁重

高校大学生需要完成大量的学习任务，包括课堂作业、实验报告、论文等，时间紧迫，内容繁杂，难度较大，需要花费大量的时间和精力来完成。

（二）竞争激烈

高校竞争日益激烈，大学生需要不断提高自己的学习成绩和综合素质，以获得更好的发展机会，这种竞争压力也会对大学生产生较大影响。

（三）考试压力

大学生需要参加各种考试，包括期中考试、期末考试、研究生入学考试等，考试成绩直接关系到大学生的未来发展，给大学生带来较大压力。

（四）科研压力

高校要求大学生积极参与科研活动，包括科研项目、科研论文等，这对大学生的时间管理能力提出了较高要求。

（五）社会期望

社会对高等教育的期望较高，希望大学生在学业上取得优异成绩，这种社会期望也会给大学生带来较大压力。

（六）自身期望

学生对自己的期望也较高，希望取得好成绩，实现自己的人生目标，这种自身期望也会成为学业压力的来源。

有关学业压力的数据可以从对大学生的调查和统计数据中获取，例如：

1. 学习时间

调查显示，大多数大学生在学习上每天需要花费超过8小时的时间，其中不少人甚至需要熬夜，得不到充分的休息。

2. 心理状况

研究表明，超过一半的学生因学业压力而感到焦虑和压抑，一部分学生甚至出现了抑郁症状。

3. 自我价值感受

有调查显示，大学生需要面对更复杂的知识体系和更大的学习强度，可能会导致焦虑、恐惧和挫败感，许多学生对自己的学习成绩和表现感到不满意，这种不满意感影响了他们的自我价值感受。

二、人际关系压力

高等教育中人际关系问题也是一大现实挑战。在大学生活中，人际关系包括与同学、老师、家人以及其他社会成员的交往，这些会对大学生的心理健康和学业产生重要影响。

（一）同学关系

大学生之间存在着复杂的人际关系网络，有些大学生可能面临着来自同学之间的嫉妒、排斥等，这些负面因素会给学生带来压力。

（二）师生关系

良好的师生关系对学生的发展至关重要，但有时大学生可能面临与教师之间的沟通困难、理解不足等问题，影响其学习和成长。

（三）家庭关系

大学生与家人之间的关系也会对其产生影响，一些大学生可能面临着家庭期望、经济压力等问题，这些问题会影响大学生在学校的表现和心理状态。

（四）社交压力

大学生活中社交活动频繁，有些大学生可能由于社交压力过大而感到困扰，导致社交焦虑、人际交往困难等问题。

有调查显示，人际关系压力过大有如下几种表现形式：

1. 社交压力大

超过三分之一的大学生表示感到社交压力很大，其中有一部分学生甚至因此导致心理问题。

2. 同学关系不融洽

有一部分学生面临同学之间的欺凌、排斥等问题，这些问题对他们的心理健康和学习产生了负面影响。

3. 师生关系不和谐

有学生反映，与某些老师存在着沟通不畅、理解不足等现象，这些现象影响了他们的学习和表现。

三、爱情压力

高校中的爱情压力问题也很普遍，尤其对于大学生而言。在大学生活中，他们可能会面临来自恋爱关系的各种压力，这些压力可能会影响他们的学业和生活。

（一）恋爱期望压力

在大学中，许多大学生面临来自社会、家庭以及同龄人的恋爱期望压力，导致他们认为在大学生活中有过恋爱经历或者维持过一段稳定的恋爱关系是必要的。

（二）人际关系压力

恋爱关系可能会给大学生带来人际关系上的压力，包括与伴侣、朋友、家人之间的关系处理等方面的压力。

（三）时间和精力压力

维持一段恋爱关系需要花费时间和精力，会对大学生的学业和课外活动产生影响，增加他们的压力。

（四）情感压力

恋爱中可能会出现各种情感问题，如分手、误会、信任缺失等，这些问题会对大学生的心理健康产生负面影响。

四、就业压力

大学生的就业问题是一个普遍存在且备受关注的问题。在大学生活中，大学生需要面对来自就业的压力，包括就业市场的竞争激烈、就业形势的不确定性等因素，这些都会给学生带来一定的就业压力。

（一）就业市场竞争激烈

随着高等教育水平的提高，就业市场的竞争也越来越激烈，大学生需要具备更明显的优势才能在就业市场中脱颖而出。

（二）职业选择困难

许多大学生面临着职业选择困难的问题，不知道自己应该选择哪种职业，这种不确定性会增加他们的压力。

（三）就业形势不确定性

就业形势的不确定性也会给学生带来压力，他们担心自己毕业后找不到满意的工作、无法实现自己的职业规划。

（四）社会期望压力

社会对大学生的就业期望较高，希望他们能够顺利就业并取得不错的业绩，这种社会期望也会给大学生增加压力。

五、自我认知压力

大学生的自我认知压力较大是一个常见现象，特别是在学业、职业规划等方面，大学生可能会面临自我认知方面的挑战。当前主要表现为以下几个方面：

（一）自我评价压力

许多学生对自己的学习成绩、社交能力等方面存在较高的期望，因此常常对自己进行严格的评价，这种自我评价压力会影响到他们的心理健康和学业表现。

（二）自我身份认同压力

大学生面临着身份认同的转变，需要在学习、生活、社交等方面找到自己的位置和角色，这种自我身份认同压力会对他们的心理状态和自信心产生影响。

（三）自我发展压力

大学生在高校中需要面对各种选择和决定，包括职业方向、兴趣爱好、人生目标等，这种自我发展压力可能会导致他们感到迷茫和困惑。

（四）自我价值感受压力

一些大学生可能会因为学习成绩、社交关系等方面的问题而对自我价值产生怀疑，这种自我价值感受压力可能会影响到他们的心理健康和自信心。

六、成长与独立压力

高校中的学习独立、生活独立和经济独立压力是大学生普遍面临的挑战。这些压力的产生是由于学生需要在学习、生活和经济上独立处理问题。

（一）学习独立压力

学习独立是指大学生在学习过程中需要自主学习、解决问题和取得成绩。当前的现状显示，许多学生在面对繁重的学习任务和自主学习要求时感到有压力。

（二）生活独立压力

生活独立是指学生在大学生活中需要自主处理日常事务、照顾自己和解决生活方面的问题。目前的情况显示，许多大学生在应对独立生活时感到困难。

（三）经济独立压力

经济独立是指学生需要自主管理自己的经济收支、承担部分或者全部生活费用。当前的情况表明，许多大学生在面对经济独立时感到焦虑。

第二节 各种压力可能导致大学生出现心理问题

高校生活中的各种压力可能给大学生带来焦虑、紧张、自卑、孤独、恐惧、不安等负面情绪。这些情绪压力可能导致学生出现各种心理问题，包括但不限于：

焦虑症：大学生在学业、人际关系、未来规划等方面的压力过大可能引发焦虑症，表现为过度担忧、紧张不安等。

抑郁症：长期的学业负担繁重、人际关系紧张、经济压力大等可能导致大学生产生抑郁情绪，表现为情绪低落、对未来失去希望等。

社交恐惧症：过大的人际关系压力和社交压力可能使得大学生产生社交恐惧症，表现为对社交场合的恐惧和回避。

自卑：来自学业、人际关系等方面的压力可能使得大学生产生自卑感，觉得自己不如他人，缺乏自信心。

心理适应能力下降：长期承受各种压力可能使得大学生的心理适应能力下降，导致应对困难和抗挫折能力减弱。

情绪调节困难：面对各种负面情绪的冲击，大学生可能出现情绪调节困难，导致情绪失控。

第二章　高等院校大学生心理危机干预现状

目前高等院校采用的心理疗愈干预手段表面看上去十分多样化，包括心理咨询、心理治疗、心理训练、心理健康教育等。这些手段在一定程度上的确能够达到缓解大学生的心理压力、改善心理健康的目的，但是却不能从实质上解决大学生的心理问题。

第一节　高等院校采用的大学生心理危机干预手段

高等院校中的心理疗愈干预手段形式多样，旨在帮助大学生缓解心理压力、改善心理状况，提升其心理适应能力和自我调节能力。

一、心理咨询

心理咨询是一种通过与心理专业人员进行面对面或者线上交流，倾诉自己的困扰和压力，接受专业的心理指导和支持的一种方式。心理咨询可以在一定程度上帮助大学生理清思绪，解决心理问题，提高心理健康水平。

二、心理治疗

心理治疗是指心理学专业人员对大学生的心理问题进行系统的诊断和治疗。常用的心理治疗方法包括认知行为治疗、人际关系治疗、心理动力治疗等。心理治疗可以帮助大学生解决心理问题，提升其心理健康水平。

三、心理训练

心理训练是一种通过心理训练活动提高学生的心理适应能力和自我调节能力的方式。常用的心理训练活动包括放松训练、情绪调节训练、压力管理训练等。心理训练可以增强大学生的心理韧性，提高其抗压能力。

四、心理健康教育

心理健康教育是一种通过宣传、教育等方式普及心理健康知识，提高大学生心理健康水平的方式。心理健康教育可以使学生更加了解心理健康方面的知识，及时做出正确的自我诊断，更好地应对心理问题。

第二节　高等院校对大学生心理危机干预不足

高校采用的心理治疗干预手段虽然能够帮助大学生缓解心理压力、改善心理状况，但也存在一些弊端，可能给大学生带来一些负面影响。

一、资源匮乏

在一些高校，心理干预服务资源有限，导致大学生很难及时获得心理咨询和治疗服务，进而影响了干预效果。这种资源匮乏可能表现在以下几个方面：

（一）专业人员不足

一些高校缺乏足够数量的专业的心理咨询师和心理治疗师，导致大学生难以获得及时的、专业的帮助。这会耽误大学生对心理问题的处理，影响干预效果。

（二）咨询服务时间有限

由于心理服务资源有限，一些高校只能在有限的时间内提供咨询服务，无法满足所有大学生的需求，使得一些大学生难以获得足够的心理支持。

（三）治疗资源分配不均

在资源有限的情况下，一些高校可能会优先向有更严重心理问题的大学生提供服务，而对于具有轻度心理问题的大学生会缺乏足够的支持和关注。

（四）心理健康宣传和教育不足

部分高校缺乏足够的心理健康宣传和教育，导致学生对心理健康问题的认识不够，不知道如何寻求帮助和支持。

这种资源匮乏对大学生的心理健康造成了负面影响，使得一些大学生无法及时有效地纾解心理问题，进而影响他们的学业和生活。

二、专业水平不一

（一）质量不一的心理咨询和治疗

由于心理服务团队成员的专业水平不同，部分大学生无法获得高质量的心理咨询和治疗。一些团队成员缺乏必要的专业知识和技能，导致他们无法有效地帮助学生解决心理问题。

（二）不专业的干预影响

专业水平参差不齐导致一些团队成员提供不专业的干预措施，这会对大学生造成负面影响。不专业的干预使问题得不到有效解决，甚至导致新的问题的产生。

由于心理服务团队成员专业水平参差不齐，部分大学生可能无法获得有效的心理支持，这会对他们的心理健康产生负面影响。低质量的心理咨询和治疗会使学生的心理问题得不到及时有效的缓解，进而影响他们的学业和生活。

三、缺乏针对性

大部分心理干预手段较为笼统，缺乏针对性，无法满足每个大学生的个性化需求，导致部分大学生无法得到有效帮助，影响干预效果。在大学生心理服务中，缺乏个性化的心理干预会导致以下一些问题：

（一）个体需求得不到满足

这是指一些大学生无法从通用性干预中获得他们所需的具体支持，因为每个人的心理健康需求都是不同的。

（二）干预效果不佳

由于个体具有差异且心理干预手段缺乏个性化，一些大学生无法从通用性干预中获得理想的干预效果。个体差异可能包括个人经历、文化背景、性格特征等因素，忽略其中任何一个因素都会影响心理干预的效果。

四、治标不治本

在大学生心理咨询服务中，部分心理干预手段只是暂时缓解了大学生的心理问题，未能深入挖掘问题根源，有可能导致问题反复出现，影响大学生长期心理健康。这种治标不治本的情况会导致以下问题的出现：

（一）无法找到根本原因

某些心理干预只是暂时性的，未能找到导致心理问题出现的根本原因。这样，虽然大学生在短期内感觉好转，但问题可能会再次出现或者演变为更严重的问题。

（二）缺乏长期效果

由于治疗只是暂时性的，一些大学生会需要不断地接受干预才能维持短期效果，长期的心理干预效果并不明显。

（三）忽视心理问题的复杂性

一些心理问题涉及多个方面，包括个人经历、情绪、认知和行为等。如果干预只是针对表面症状，而不考虑问题的复杂性，就无法从根本上解决问题。

五、社会支持不足

目前高校的心理干预主要集中在个人层面，缺乏对大学生所处社会环境的干预和调整，无法全面解决大学生的心理问题，从而影响干预效果。

大学生的心理问题往往受到他人的影响，包括家庭、同学、社会中的其他人等。如果心理干预只注重个人层面，而忽略了社会环境的影响，就无法有效解决学生的心理问题。

社会支持对于个体的心理健康具有重要影响。缺乏社会支持使学生感到孤立和无助，进而影响其心理健康状况。

六、存在依赖性

长期接受心理干预会导致部分学生产生依赖心理咨询和治疗的心态，影响其自我调节的能力。

（一）降低自我调节能力

长期依赖心理咨询和治疗会使大学生逐渐丧失自我调节能力。他们习惯于依赖外部帮助来解决问题，而忽视了自身的潜力和资源。

（二）影响个体的独立性

过度依赖心理咨询和治疗会影响大学生的独立性发展。他们会习惯于依赖他人而不愿意独立思考和解决困难。

（三）心理依赖

长期依赖心理咨询和治疗会导致大学生对心理咨询和治疗产生依赖，认为只有通过心理咨询和治疗才能解决心理问题，而忽视了其他有效的应对方法。

综上所述，高校采用的心理治疗干预手段存在一些弊端，干预效果十分有限。因此，学校和社会应该努力优化心理服务资源、提升心理服务团队的专业水平、注重个性化干预、注重问题根源的解决、加强社会支持等，以提升心理疗愈干预的效果，更好地帮助学生解决心理问题。

第三节　促进学生的自我疗愈和独立性方法

当前，高校中的心理干预在一定程度上无法促进大学生的自我疗愈和独立性的培养。最常见的现象就是大学生倾向于依赖心理咨询和治疗，而缺乏自我疗愈的能力。一方面，大学生期望通过专业人员的帮助解决问题，而忽视了自我探索和改变的重要性。另一方面，大学生缺乏对自己内心世界的深入认识和反思，导致无法独立分析和解决自己的心理问题。他们更倾向于外部指导和支持，而忽视了自我探索和成长。还有学生过低地预估了自己的自我疗愈能力，认为只有通过外部干预才能解决问题。这种观念导致他们不愿意尝试探索自我疗愈的方法，使得大学生的自我疗愈能力和独立性越来越差。例如，学业压力、人际关系问题、社会舆论等因素都会导致大学生缺乏自信心和自我控制力，从而无法有效地进行自我疗愈。

为了提高心理干预的效果，高校和社会应该重视大学生的自我探索和成长，培养自我认知和反思能力，提升自我疗愈和独立解决问题的能力。针对高校中心理干预影响自我疗愈的独立性的问题，需要进一步分析原因和解决方法。

一、教育和培训

教育和培训在大学心理健康教育中起着至关重要的作用。通过为大学生提供必要的心理教育和培训，让他们可以更好地了解自我疗愈的重要性，并学会一些简单的自我疗愈方法，从而更好地应对生活中的挑战和压力。

首先，心理教育内容应该包括对心理健康的基本认识和理解，例如什么是焦虑、抑郁等常见心理问题，以及这些问题可能对个人生活和学习造成的影响。大学生需要了解心理健康和身体健康同样重要，而且二者之间存在密切联系。

其次，大学生需要学会一些简单的自我疗愈方法，以应对日常生活中的压力和情绪波动。这些方法可以是放松训练——通过深呼吸、渐进性肌肉放松等方法来缓解身心紧张。此外，学生还可以学会情绪调节，例如情绪认知，学会识别自己的情绪并寻找有效的应对方法。

另外，心理教育和培训还应该强调心理健康的维护和促进。大学生需要了解心理健康是一个持续的过程，需要日常的关注和维护。他们可以通过良好的生活习惯、积极的社交关系等方式来促进自己的心理健康。

总体来说，通过为大学生提供必要的心理教育和培训，可以帮助他们更好地了解自己的心理健康状况，让他们学会有效应对压力和消极情绪问题的方法，从而提高其整体的心理健康水平。

二、强调自我探索

自我探索在大学生心理健康的维护中十分重要。鼓励大学生进行自我探索，他们就可以更好地了解自己的需求和目前面临的问题，并寻找适合自己的解决方法，从而形成更加健康和积极的心理状态。

首先，自我探索可以帮助大学生建立自我意识。通过反思自己的行为、情绪和想法，大学生们可以更清晰地了解自己的内心世界，并认识到自己的需求。

其次，自我探索可以帮助大学生建立自我接纳和自我认同。通过了解自己的价值观、兴趣爱好和个性特点，大学生可以更好地接受自己，并建立积极的自我认同。

另外，自我探索还可以帮助大学生培养自我管理能力。通过了解自己的情绪和需求，并学会有效地应对压力和挑战，大学生可以更好地控制自己的情绪和行为，提高自己的心理韧性。

总体来说，通过鼓励大学生进行自我探索，可以帮助他们形成更加健康和积极的心理状态，提升其心理健康水平。同时，自我探索也可以帮助大学生建立更强大的自我意识和自我管理能力，从而更好地应对大学生活中的各种挑战和压力。

三、提供自助资源

大学生可以自行获取的心理健康资源是高校心理健康支持中的重要组成部分。这些资源涵盖心理健康网站、应用程序、自助读物、艺术疗愈等，可以帮助大学生在需要时进行自我疗愈和调节，提高其心理健康水平。

首先，心理健康网站和应用程序可以为大学生提供丰富的心理健康信息和工具。这些信息包括心理健康知识、自我评估工具、放松训练等，帮助大学生更好地了解自己的心理健康状况，并学会一些简单的自我调节方法。

其次，自助读物是另一种重要的心理健康资源。大学生可以通过阅读心理健康方面的书籍、杂志和在线文章，了解不同心理健康问题的原因和解决方法，从而更好地应对自己的心理健康问题。

另外，艺术疗愈也是一种有效的心理健康资源。通过参与绘画、音乐、舞蹈等艺术活动，大学生可以表达自己的情感和体验，从而缓解压力、改善情绪，提升自己的心理健康水平。

总体来说，为大学生提供其可以自行获取的心理健康资源，可以帮助他们更好地了解自己的心理健康状况，并学会一些简单的自我调节方法。这些资源可以在大学生需要时为其提供支持和帮助，从而提升其心理健康水平，更好地应对大学生活中的各种挑战和压力。

四、鼓励自我反思与自我评估

鼓励大学生进行自我反思和自我评估是促进大学生心理健康的重要方式之一。通过培养这种习惯，大学生可以更好地了解自己的情绪和行为，并找到改进的方法。

首先，自我反思可以帮助大学生更清晰地认识自己的情绪和情感反应。通过反思自己的日常经历和人际交流行为，大学生可以了解到自己在不同情境下的情绪反应，从而更好地控制自己的情绪，并避免消极情绪爆发或者消极应对外界环境导致的情绪变化。

其次，自我评估可以帮助大学生发现自己的优点和不足。通过定期对自己的表现和行为进行评估，大学生可以发现自己的优势和劣势，并找到改进的方法，从而更好地发挥自己的潜力。

另外，自我反思和自我评估还可以帮助大学生建立自我认知和自我管理能力。通过不断地反思和评估自己的行为和情绪，大学生可以更清晰地认识自己的需求和现存的问题，并学会有效地应对压力和挑战，提高自己的心理韧性。

总体来说，鼓励大学生进行自我反思和自我评估可以帮助他们更好地了解自己的情绪和行为，并找到改进的方法。这种习惯可以帮助学生提高自己的心理健康水平，更好地适应大学生活中的各种挑战和压力。

第三章　大脑与心理健康的关联

大脑与心理健康之间存在密切的关联，因为大脑是心理活动的物质基础，是控制人思维、情感、行为和认知功能的主要器官。它通过神经元和神经递质的传递，实现了复杂的信息处理和情绪调节。不同区域的活动和连接模式与不同的心理功能相关联。例如，大脑皮层是思维、记忆和意识的中枢，前额叶负责决策、规划和执行控制，颞叶与语言和听觉相关，顶叶则与空间感知和注意力有关。海马体和杏仁核等次级结构则参与了情绪调节和记忆的形成。脑干则负责调节生命的基本功能，如呼吸和心跳。有科学家将心理活动的变化通过大脑成像技术如功能性磁共振成像技术（fMRI）来观察到大脑的活动模式。情绪、认知和行为的变化往往伴随着特定区域的活跃度变化，从而揭示了大脑与心理之间的紧密联系。这种关联不仅体现在正常生理和心理功能上，还在许多心理疾病的发生和发展过程中得到了进一步的阐释。

在探讨大脑与心理之间的联系时，确实需要深入理解大脑结构的认知与作用。尽管在此处无法详细展开这方面的介绍，但可以向大家推荐一本相关的书籍——《大脑的天性》（作者为英国的约翰·沙利文和克里斯·帕克）。这本书全面介绍了大脑结构和人类大脑运作的基本原理，强调了大脑在各个方面对人类活动和生活的重要性，并提供了提升大脑运作效率的实用建议。通过阅读这本书，读者可以更深入地了解大脑结构如何影响心理活动，并从中获得如何优化自己的认知功能和心理健康等实用知识。这样的资源对于我们深入探索大脑与心理之间的联系，以及了解如何促进个人心理健康，都是非常有益的。

一、运动与大脑

运动对于大脑的健康和功能发挥具有显著的影响。运动可以提高血液流动的速度，确保大脑获得充足的氧气和营养物质，从而支持大脑情绪调节和认知功能的发挥。运动通过促进血液循环，提高身体和大脑之间的营养运输效率，通过大脑的调节从而改善心理健康和增强心理韧性。散步和轻度有氧运动被认为是保持大脑健康简单而有效的方法。这些运动不仅可以提高心血管健康水平，还可以增加大脑中神经元的数量，促进神经元之间的连接，从而改善记忆力、学习能力和注意力。此外，运动还可以促进大脑中神经递质的释放，如多巴胺和内啡肽，这些神经递质可以提高情绪和情感稳定性，减少焦虑和抑郁。值得注意的是，运动并不一定要是高强度的健身或者体育运动，温和的运动同样可以带来显著的益处。因此，定期进行散步、轻度有氧运动等活动，不仅有助于保持身体健康，还能改善心理状况，增强大脑功能，提高生活质量。

总体来说，简单的运动就可以促进血液循环，有效地改善大脑的状况，提高心理健康水平，增强应对压力和挑战的能力，为更健康、更积极的生活打下坚实的基础，成为自我疗愈的直接方法。

二、呼吸与大脑

呼吸调节对大脑功能优化起着至关重要的作用。腹式呼吸，即通过横膈膜的深度呼吸方法，能够有效地促进神经系统的平衡。具体来说，这种呼吸方式主要通过以下几个机制影响大脑。

(一)自主神经系统调节

腹式呼吸可以显著影响自主神经系统的活动，特别是能够激活副交感神经系统。副交感神经系统负责“休息和消化”反应，其激活有助于缓解生理紧张，促进身体和心理的放松状态。

(二)减少皮质醇分泌

腹式呼吸可以让身体减少压力激素皮质醇的分泌。高水平的皮质醇与焦虑、压力和认知功能减退相关，降低其水平有助于提高认知功能和情绪稳定性。

(三)增强前额叶皮层功能

腹式呼吸能够增加前额叶皮层的血流量和活性。前额叶皮层在大脑中负责决策、规划与执行控制，增加其活性有助于提升这些方面的认知功能。

(四)促进伽马波活动

研究表明，腹式呼吸练习可以增强大脑中的伽马波活动。伽马波与高级认知功能如记忆和学习相关，伽马波活动频繁意味着认知能力的提升和心理状况的改善。

(五)改善大脑神经可塑性

规律的腹式呼吸练习被认为可以增强大脑的神经可塑性，即大脑在结构和功能上的适应和改变能力。这种增强有助于个体更好地应对压力和学习新技能。

腹式呼吸作为一种简便且有效的自我调节工具，通过这些机制帮助优化大脑功能，提高心理健康水平和认知能力。这种方法不仅易于学习和实践，而且可以在各种环境下使用，为心理健康和生理健康提供持久的帮助。

三、冥想与大脑

冥想是一种古老的实践，近年来因其对大脑和整个身体健康的潜在益处而受到了广泛关注。科学研究表明，冥想不仅能带来心灵上的平静，还对大脑结构和功能有一定的影响。

（一）促进大脑结构的变化

长期冥想可以导致大脑结构发生可观察的变化。研究发现，冥想者的大脑灰质密度增加，尤其是在与注意力和情感调节相关的区域，如前扣带皮层和额叶。这些变化表明冥想可以增强大脑的认知功能和情绪控制能力。

（二）促进大脑功能的改善

冥想可以改善大脑的功能，尤其是在注意力和专注力方面。冥想练习有助于加快前额叶皮层的细胞活动，这一大脑区域与决策、规划与执行控制能力有关。通过冥想，个体能够更好地集中注意力，减少分心，从而提高工作和学习效率。

（三）情绪调节

冥想对情绪调节具有显著影响。研究表明，冥想可以降低杏仁核的活动水平，杏仁核是大脑中与情绪反应，特别是与压力和焦虑相关的区域。通过减少杏仁核的反应性，冥想可以帮助个体更好地管理压力，缓解焦虑和抑郁症状，提升整体情绪稳定性。

（四）提高心理灵活性

冥想可以增强大脑的神经可塑性，即大脑根据经验和学习进行自我重组的能力。这种神经可塑性有助于心理灵活性的提高，使个体能够更好地适应变化，以及复杂多变的环境。

（五）减缓大脑老化

冥想有助于减缓大脑老化。研究发现，冥想者的大脑中与记忆和学习相关的区域，如海马体，可能比同龄非冥想者的更为健康和活跃。这表明冥想可以在一定程度上保护大脑免受老化的影响，延缓认知功能的衰退。

（六）增强自我意识

冥想能够提高自我意识和自我理解能力。通过冥想，个体可以更清晰地认识到自己的思维模式和情感反应，从而更好地控制自己的行为和决策。这种强烈的自我意识有助于个体在日常生活中做出更明智的选择，提升整体生活质量。

冥想作为一种简单而有效的心理实践活动，对大脑的结构和功能具有多方面的积极影响。通过定期冥想，个体不仅可以改善认知功能和情绪调节能力，还能增强大脑的神经可塑性，延缓大脑老化。冥想提供了一种自然的方法，帮助我们在现代生活的压力和挑战中保持心理健康和平衡。

四、饮食与大脑

饮食习惯对大脑的影响至关重要。我们摄入的食物不仅为身体提供能量，还直接影响大脑的结构和功能。不良的饮食习惯，例如长期大量摄入高糖食品、油炸食品和多次高温加工食品，会对大脑带来显著的负面影响。这些食物会导致记忆力减退、认知功能下降，并增加情绪波动和心理问题出现的风险。相反，健康的饮食可以促进大脑健康，增强认知能力和情绪稳定性。因此，了解并改正饮食习惯，是保持大脑和心理健康的关键所在。

（一）不良的饮食习惯

饮食对大脑健康至关重要。不良的饮食习惯，会对大脑带来多方面的负面影响。这些不良饮食不仅会影响大脑的结构和功能，还会增加认知能力下降、情绪波动和多种心理问题出现的风险。

1. 高糖食品

长期摄入高糖食品会导致大脑中重要的神经递质失衡。过多的糖分会影响胰岛素的有效利用，进而影响认知功能和记忆力。研究表明，高糖饮食与认知能力低下、学习障碍和情绪波动密切相关。

2. 油炸食品

油炸食品中通常含有大量的反式脂肪酸和氧化脂质，这些成分会引起大脑的慢性炎症反应，损害神经元的健康。反式脂肪酸还与抑郁症和焦虑症的发生率增加有关，长期摄入会严重影响情绪调节功能和心理健康。

3. 多次高温加工食品

多次高温加工食品通常含有丙烯酰胺和其他有害化合物。这些物质不仅对身体有害，还会对大脑造成影响，伤害神经细胞的功能和结构。此外，多次高温加工食品中通常缺乏必要的营养素，如维生素和矿物质，这些营养素对于大脑的正常运作和维护神经系统的健康至关重要。

4. 营养素缺乏

不良的饮食习惯往往导致关键营养素的缺乏，如Omega-3脂肪酸、维生素B群和抗氧化剂。这些营养素对大脑正常运转起着重要作用，缺乏会导致认知功能下降、情绪不稳定甚至神经系统退化。Omega-3脂肪酸，特别是DHA，对于维持大脑结构和功能尤其重要，其不足会影响神经元的膜结构和神经传递的效率。

5. 抗氧化剂缺乏

抗氧化剂如维生素C和E能够保护大脑细胞免受氧化应激的损害。不良的饮食往往缺乏这些重要的抗氧化剂，导致大脑更易受自由基的攻击，从而加速衰老和认知功能的退化。

通过选择健康的饮食，我们可以保护大脑健康，增强认知功能，并保持良好的情绪状态。了解并改善我们的饮食习惯，是保护大脑健康的关键一步。

（二）有益饮食

大脑是人体最复杂和最重要的器官之一，它控制着人的思维、记忆、情绪和行为。为了维持其最佳功能，大脑需要充足的营养供给。科学研究发现，某些特定的饮食成分，如Omega-3 脂肪酸、抗氧化剂、复合碳水化合物、蛋白质和B族维生素等，对大脑的健康具有显著的益处。以下是几种主要的饮食成分及其对大脑的影响。

1. Omega-3 脂肪酸

Omega-3 脂肪酸，尤其是其中的两个特定种类DHA和EPA，广泛存在于鱼类如鲑鱼、鲭鱼和沙丁鱼中。这些脂肪酸对大脑发育至关重要。研究表明，Omega-3 可以改善认知功能，增强记忆力，并有助于预防神经退行性疾病，如阿尔茨海默病。

2. 抗氧化剂

抗氧化剂可以保护大脑免受氧化应激的伤害。常见的抗氧化剂包括维生素C、维生素E和多酚类化合物。它们广泛存在于水果和蔬菜中，如蓝莓、菠菜和坚果。抗氧化剂有助于减少炎症，保护大脑细胞，增强认知功能。

3. 复合碳水化合物

复合碳水化合物，如全谷物、豆类和蔬菜，提供持续的能量释放，有助于维持血糖水平的稳定。稳定的血糖水平对大脑功能至关重要，有助于保持和集中注意力，避免因血糖波动导致的情绪和能量变化。

4. 蛋白质

蛋白质是多种神经递质的前体，这些神经递质是大脑传递信号的关键。富含蛋白质的食物如鸡蛋、瘦肉、豆类和乳制品，可以提供氨基酸，如色氨酸和酪氨酸，这些氨基酸在调节情绪和提高认知功能方面起重要作用。

5. B族维生素

B族维生素，特别是B_6、B_{12}和叶酸（B_9），对大脑健康至关重要。这些维生素参与神经元的代谢和神经递质的合成。缺乏B族维生素可能导致记忆力减退、认知功能下降和情绪问题。富含B族维生素的食物包括肉类、鱼类、乳制品和绿叶蔬菜。

6. 水分

充足的水分摄入对大脑同样重要。脱水会影响认知功能、注意力和记忆力。因此，保持良好的水分摄入对维持大脑最佳状态至关重要。

7. 多酚类化合物

多酚类化合物，如黄酮类物质，存在于茶、红酒、巧克力和许多水果中。这些化合物有助于加速血液循环，增强认知功能，并具有抗炎和抗氧化作用。

保持大脑健康所需的营养摄入并不复杂，只需在日常饮食中做出一些明智的选择，就能对大脑产生积极影响。通过了解这些营养成分的作用及其来源，我们可以更好地规划饮食，从而保持大脑的健康。

总体来说，关注饮食与大脑健康的关系不仅仅是为了应对当前的生活压力，更是为了预防未来的健康问题。饮食不仅是能量和营养的来源，更是人们保持大脑功能正常发挥的重要保障。因此，了解和摄入有益大脑的饮食，是每个人都应当重视的。

五、情绪、压力与大脑

情绪和压力对大脑有着深远的影响。长期的压力和负面情绪不仅会导致大脑功能的显著下降，还会显著增加各种心理问题的风险。大脑的多个关键区域，如海马体、杏仁核和前额叶皮层，在长期压力的作用下会发生结构性和功能性的改变。这些变化不仅影响记忆力、决策能力和情绪调节能力，还会导致焦虑症、抑郁症和其他严重的心理健康问题的发生。理解这些影响对于制订有效的应对策略和保护大脑健康至关重要。

海马体萎缩：长期的压力会导致海马体萎缩。海马体是大脑中负责记忆和学习的重要区域，其萎缩会导致记忆力减退和认知功能退化。这种变化与阿尔茨海默病等认知障碍相关。

杏仁核过度活跃：负面情绪和持续的压力会使杏仁核过度活跃。杏仁核是处理情绪反应的关键区域，其过度活跃会导致焦虑症、恐惧症和其他情绪调节障碍的发生。

前额叶皮层功能受损：压力和负面情绪会影响前额叶皮层的功能。前额叶皮层负责决策、规划与执行控制，其功能受损会导致决策困难、注意力不集中和冲动行为增加，这与抑郁症和注意力缺陷多动障碍（ADHD）相关。

神经炎症：长期的压力和负面情绪会引发大脑中的神经炎症。神经炎症与多种心理问题有关，包括抑郁、焦虑等。炎症因子的增加会干扰神经信号的传递，影响大脑的正常运转。

神经递质失衡：压力和负面情绪会导致大脑中神经递质如血清素和多巴胺的失衡。血清素和多巴胺是调节情绪的重要化学物质，其失衡会导致抑郁症和双相情感障碍等问题。

神经可塑性减少：长期的负面情绪和压力会抑制大脑的神经可塑性。神经可塑性是指大脑在结构和功能上适应和改变的能力，其减少会降低学习新技能和适应新环境的能力。这与创伤后应激障碍（PTSD）和慢性疲劳综合征等问题相关。

综上所述，长期的压力和负面情绪对大脑的结构和功能都有广泛的负面影响，增加多种心理问题发生的风险。了解这些影响可以帮助我们采取有效的应对措施，保护大脑健康，促进心理健康。

六、多任务处理与大脑

多任务处理，即同时处理多项任务，就是俗称的“一心多用”，在现代生活中已变得司空见惯。然而，研究表明，这种行为对大脑的认知功能有负面影响。多任务处理不仅会导致注意力分散，还会导致工作效率降低等一系列问题。

（一）注意力分散

多任务处理会使注意力频繁在不同任务之间切换。大脑在切换注意力时需要额外的时间和能量，这导致针对每个任务的注意力都难以集中。结果便是任务的完成速度变慢，错误率增加。

（二）工作效率降低

多任务处理通常会显著降低整体工作效率。研究表明，当我们试图同时进行多项任务时，完成每项任务的时间都会增加，因为大脑需要在不同任务之间不断切换，这会浪费大量的时间和认知资源。

（三）认知表现下降

多任务处理对大脑的认知表现有不利影响，尤其是在复杂任务中。频繁的任务切换会增加大脑的记忆负荷，导致信息处理能力下降。这不仅影响当前任务的完成，还可能对长期认知功能产生负面影响。

（四）记忆力减弱

多任务处理会干扰信息的有效存储和提取。由于注意力无法集中在单一任务上，信息编码过程变得漫长，导致记忆力减退。专注于单一任务则有助于更有效地编码和存储信息，增强记忆力。

（五）不利于心理健康

多任务处理还会对心理健康产生负面影响。频繁的任务切换和注意力分散会增加心理压力，导致情绪波动，引发焦虑和抑郁。专注于单一任务可以减少压力，提升情绪稳定性，从而促进心理健康。

（六）整体水平的提升

专注于单一任务不仅能提高工作效率和认知能力，还能提升整体水平。专注力增强了大脑的执行功能，使任务处理得更为高效和准确，从而提高整体的工作和学习成绩。

尽管在现代生活中多任务处理似乎不可避免，但为了保护大脑的认知功能和心理健康，减少一心多用、专注于单一任务是更为有效的策略。专注不仅能让我们提升工作效率和认知能力，还能促进心理健康，增强记忆力和整体水平。因此，在日常生活和工作中，培养专注力、减少多任务同时处理，是优化大脑功能和提升生活质量的重要途径。

七、睡眠与大脑

睡眠在大脑功能和健康中的重要性不容忽视。合理的睡眠时间对于维持认知功能、情绪稳定和大脑健康至关重要。一般来说，成年人每晚需要7到9小时的优质睡眠，以确保大脑在日常活动中的正常运转。青少年和儿童由于正处在生长发育的关键时期，需要更长的睡眠时间，通常建议每天睡眠时间分别为8到10小时和9到12小时。作为一种生理活动，睡眠对认知功能、情绪调节都具有深远的影响。

（一）有益于记忆巩固

睡眠在记忆巩固过程中起到关键作用。研究表明，在深度睡眠阶段，大脑会重温和处理白天学到的信息，将短期记忆转化为长期记忆。这一过程有助于加强记忆痕迹，使我们能够更好地记住和回忆信息。

（二）有益于认知功能的优化

充足的睡眠对认知功能的优化至关重要。缺乏睡眠会导致注意力不集中、决策能力下降和解决问题的能力减弱。相反，充足的睡眠可以提高大脑的工作效率，增强创造力和思维灵活性。

（三）有益于情绪调节

睡眠对情绪调节有显著影响。充足的睡眠有助于维持情绪稳定，减少压力和焦虑感。睡眠不足则可能导致情绪波动，增加抑郁和焦虑的风险。良好的睡眠质量有助于我们在面对日常挑战时保持冷静和乐观的态度。

（四）有益于大脑清除代谢废物

睡眠期间，大脑会清除积累的代谢废物和有害物质。这个过程通过脑脊液的流动来完成，保持大脑的健康状态。睡眠不足会导致这些废物堆积，从而影响大脑的功能正常发挥。

（五）有益于神经元的修复和再生

睡眠为神经元提供了修复和再生的机会。在深度睡眠阶段，神经元能够修复自身的损伤，增强突触连接的强度。这一过程对于维持大脑的健康和提高认知功能至关重要。

（六）有益于能量补充和恢复

睡眠时期是大脑恢复能量的关键时期。睡眠期间，大脑能够降低能量消耗，进行自我修复和能量储备。充足的睡眠能够确保大脑在人清醒时处于最佳状态，为日常活动提供充足的能量支持。

（七）有益于提高创意思维和问题解决能力

研究表明，良好的睡眠有助于提高创意思维和问题解决能力。睡眠可以促进大脑进行无意识的联想和信息整合，从而在我们醒来后产生新的见解，形成解决方案。

睡眠对大脑功能和健康的重要性体现在多个方面。从记忆巩固、认知优化到情绪调节和神经元修复，睡眠在每个方面都起着至关重要的作用。保持良好的睡眠习惯不仅能提升我们的认知和情绪状态，还能长期保护大脑健康。通过改善睡眠质量，我们能够更好地应对现代生活的各种挑战，维持身心的全面健康。

八、正向引导与大脑

正向引导可以显著影响大脑的功能以及心理健康。通过积极的思维方式和自我鼓励，个体可以增强自信心和应对能力水平，减少负面情绪。正向引导有助于激发大脑中的奖励系统，提升整体幸福感和心理韧性。

正向引导是一种通过积极的语言和行为引导他人或者自己朝着积极目标前进的策略。它不仅在教育、管理等领域广泛应用，还用于心理治疗。通过正向引导，个体能够更好地应对挑战，提升自我效能感和整体心理健康。

（一）正向引导的内涵

正向引导（Positive Guidance）是一种通过强调积极行为、提供建设性反馈和设定积极期望来鼓励个体发挥最大潜力的方法。这种方法侧重于增强个体的自信心和自我效能感，而不是通过批评或者惩罚来纠正其行为。例如，在教育中，教师要多通过表扬来肯定学生的努力和进步，而不是仅仅关注他们犯下的错误，以此激励学生持续努力。

（二）教育领域的正向引导

积极反馈：教师在课堂上强调学生的进步和努力，比如表扬他们的创意、勤奋和解决问题的能力，而不是只关注他们的错误和不足。

设定目标：教师设定明确的、可实现的目标，并引导学生朝这些目标努力，帮助他们建立自信心。

（三）管理领域的正向引导

肯定性反馈：管理者在员工完成任务后，提供具体的正面反馈，例如，“你的报告非常详细，展示了深刻的分析能力”。

鼓励创新：通过鼓励员工提出新想法和解决方案，营造一个支持和认可创新的工作氛围。

（四）个人发展的正向引导

自我肯定：个人在面对挑战时，进行自我对话，强调自己的能力和优点，如“我有能力解决这个问题”和“我在不断进步”。

目标设定：设定明确且可实现的目标，逐步达成，增强自信心和自我效能感。

（五）正向引导对大脑的影响

增强神经可塑性：正向引导可以增强大脑的神经可塑性，即大脑根据经验和学习进行自我重组的能力。通过持续的积极反馈和正向刺激，大脑的神经通路会发生调整，使个体更容易形成和巩固积极的思维和行为模式。

增强大脑的执行功能：正向引导可以提升大脑的执行功能，包括注意力控制、决策能力和问题解决能力。积极的反馈和支持可以增强前额叶皮层的活动，这一大脑区域与执行功能密切相关。

减少应激反应：正向引导能够减少应激反应，降低人体皮质醇水平。积极的环境和正面的情绪体验有助于大脑中与压力反应相关的区域（如杏仁核）活动水平下降，从而提升情绪调节能力，减轻焦虑和抑郁症状。

促进情绪健康：正向引导能够增强个体的情绪健康。积极的反馈可以激发大脑中多巴胺的释放，增加个体幸福感和满足感。这不仅有助于调整当前的情绪状态，还能改善整体心理健康水平。

正向引导作为一种鼓励积极行为和思维的策略，不仅在教育、管理和个人发展领域具有重要作用，还对大脑和健康产生深远影响。正向引导为个体提供了一个优化大脑功能和提升生活质量的有效途径。因此，在日常生活和工作中，积极运用正向引导策略，能够帮助我们更好地应对挑战，实现个人和职业发展的目标。

九、艺术疗愈与大脑

艺术疗愈是一种通过创作和欣赏艺术作品来改善心理健康的方法。参与艺术活动可以激发大脑的创意和表达能力，减少压力和焦虑，提升情绪稳定性和心理幸福感。艺术疗愈有助于大脑的情感调节和认知功能的优化。

艺术疗愈利用艺术创作过程来促进心理健康和情感表达。它包括绘画、雕塑、音乐、舞蹈等多种形式，通过艺术创作，人们能够探索自我、表达情感并获得内心的平静和满足。近年来，科学研究逐渐揭示了艺术疗愈对大脑的积极影响，表明这种疗法不仅有助于心理康复，还对大脑结构和功能具有深远的影响。

（一）增强神经可塑性

艺术疗愈也能够促进大脑的神经可塑性。通过艺术创作，大脑中的神经通路会发生调整和强化，尤其是在处理情感和记忆的区域。研究发现，参与艺术活动可以增加大脑灰质密度，提高神经元之间的连接性，从而增强个体的适应能力和学习能力。

（二）改善情绪调节

艺术疗愈对大脑的情绪调节功能具有显著影响。艺术创作过程能够激活与情绪体验相关的大脑区域，如杏仁核和前额叶皮层。艺术表达能够让个体更好地处理和理解自己的情感，减少焦虑和抑郁的症状。艺术疗愈还能够通过促进内啡肽和多巴胺的释放，提升幸福感和情绪稳定性。

（三）促进认知功能

艺术疗愈可以提升大脑的认知功能，包括注意力、记忆力和问题解决能力。艺术创作需要大脑整合视觉、触觉和情感信息，调动多种认知资源。这种复杂的认知过程有助于强化大脑的工作记忆和执行功能，提高个体信息处理和决策能力。

（四）缓解压力和促进放松

艺术疗愈能够有效缓解压力，促进身心放松。研究表明，参与艺术创作可以降低皮质醇水平，减轻身体的应激反应。在艺术活动的过程中，个体能够暂时远离日常生活的压力源，获得内心的平静和放松。这种放松状态不仅有助于心理健康，还有利于大脑的整体健康和功能优化。

（五）激发创造力

艺术疗愈能够激发大脑的创造力和创新力。在艺术创作过程中，个体需要打破常规思维模式，探索新的表达方式和解决方案。这种创造性思维过程能够激活大脑的多个区域，尤其是与创造力和想象力相关的区域，如顶叶和额叶。这样的激活不仅促进了艺术创作的灵感生成，也有助于日常生活中的创新思维培养。

（六）促进社会互动和沟通

艺术疗愈还能够促进个体的社会互动和沟通能力。团体艺术疗愈活动为个体提供了一个安全的环境，鼓励他们分享作品和情感，从而增强社会连接和支持。这种社会互动不仅有助于缓解孤独感，还能通过改善个体的沟通技能，增强大脑的语言和社交功能。

艺术疗愈作为一种多维度的心理治疗方法，对大脑的结构和功能有广泛而深远的影响。它通过增强神经可塑性、改善情绪调节、提升认知功能、缓解压力、激发创造力和促进社会互动，为个体提供了一个有效的途径来提升心理健康水平和大脑功能。因此，在心理健康干预和促进整体健康中，艺术疗愈具有重要的应用价值和潜力。

十、社交与大脑

社交活动对大脑有深远的影响，涉及情感、认知和神经生理多个层面。社交互动不仅是人类生活的重要组成部分，还对大脑的结构和功能产生一定影响。

（一）增强神经可塑性

社交活动能够促进神经可塑性，即大脑在面对新体验和学习时进行自我重组的能力。与他人交流时，大脑会不断处理和整合新的信息和情感体验，这种过程会加强神经元之间的连接，尤其是涉及记忆和学习的区域，如海马体和前额叶皮层。

（二）改善情绪和心理健康

社交活动对情绪调节和心理健康也有重要作用。积极的社交活动能够激活大脑中的奖励系统，释放内啡肽、催产素和多巴胺等神经递质，从而提升幸福感、减少压力。此外，社交活动被证明可以缓解焦虑和抑郁，增强个体的情绪稳定性和心理韧性。

（三）提升认知功能

社交活动可以提升大脑的认知功能。与他人交流时，我们需要运用语言、记忆和推理能力，这种复杂的认知过程有助于增强大脑的工作记忆和执行能力的提高。此外，社交活动还能够刺激思维的灵活性和创造力，提高解决问题的能力。

（四）优化大脑的结构

研究表明，丰富的社交生活与大脑结构的积极变化有一定关联。例如，拥有强大社交网络的个体，其大脑中与情感和认知处理相关的区域（如前扣带皮层和颞叶）往往更发达。这些区域的体积增大和连接增强，有助于提升大脑的整体功能。

（五）避免或者减少认知衰退风险

积极的社交活动能够降低与年龄相关的认知衰退风险。研究发现，保持活跃的社交生活有助于延缓阿尔茨海默病和其他认知障碍的发生。这可能是由于社交活动能够持续刺激大脑，促进神经可塑性和神经元生成，从而保护大脑功能。

（六）促进社会认知

社交活动能够提升个体的社会认知能力，包括理解和预测他人的情感和行为的能力。在与他人的互动中，大脑需要处理大量的社会信息，运用同理心和社交技巧。这种能力主要涉及前额叶皮层和颞顶联合区等区域，社交活动越丰富，这些区域的功能和连接性就越强。

社交活动对大脑的结构和功能具有广泛而深远的影响。通过增强神经可塑性、改善情绪和心理健康、提升认知功能、优化大脑结构、降低认知衰退风险以及促进社会认知，社交活动为大脑提供了重要的刺激和支持。因此，保持活跃的社交生活不仅有助于心理健康和情感满足，还有利于大脑的整体健康和功能优化。在日常生活中，积极参与社交活动是维持和提升大脑功能的重要策略。

那么何种类型的社交对于大脑有积极的影响呢？以下是几种对大脑有显著积极影响的社交类型。

1. 亲密关系中的深度交流

如与家人、亲密伴侣或密友的深度交流。

深度的情感交流能够激活大脑中的情感处理和同理心相关区域，如前额叶皮层和杏仁核。与关系亲密的人分享内心感受和想法，可以促进情感连接，增加安全感和幸福感，减少压力和焦虑带来的负面影响。

2. 团队合作

如在工作或学习中与同事或同学合作完成任务。

团队合作要求个体具有良好的沟通、协作和解决问题的能力。这种活动可以激发大脑的认知功能，包括计划、执行和推理能力。参与团队合作能够促进大脑的执行功能和社会认知能力，提升整体的认知水平。

3. 积极的社交活动

如参加俱乐部、兴趣小组或者志愿者活动等。

积极的社交活动，如参与兴趣小组或者志愿者活动，能够为个体提供丰富的社会互动机会和情感支持。这些活动不仅有助于个体扩大社交网络，还能给其带来满足感和成就感，促进大脑的情感和社会认知功能的发展。

4. 同伴学习

如与同学一起学习或复习，讨论学习材料和习题的解法等。

同伴学习有助于知识共享和理解加深，同时也能锻炼语言表达和社交技能。这种互动能够刺激大脑的语言和记忆区域，提高学习效率和认知能力。

5. 体育活动中的社交

如参加团队运动，如足球、篮球或羽毛球等。

团队运动不仅有助于身体健康，还能增强社交互动和合作精神。团队成员通过合作、竞争和交流，能够提高大脑的执行功能和情感调节能力。

6. 跨文化交流

如与具有不同文化背景的人交流，学习和理解他们的习俗和观点等。

跨文化交流能够开阔视野，增强大脑的认知灵活性和同理心。这种互动有助于打破固有的思维模式，提升大脑处理复杂社会信息的能力。

7. 家庭聚会和庆祝活动

如参加家庭聚会、庆祝生日或节日活动。

家庭聚会和庆祝活动营造了一个轻松愉快的氛围，促进情感交流和支持。与家人共同度过美好时光可以增强情感联系，提升大脑中的幸福感受区域的活跃度，减少压力和焦虑。

不同类型的社交活动对大脑有多方面的积极影响。通过参与与亲密伴侣的深度交流、团队合作、积极社交、同伴学习、体育活动、跨文化交流和家庭聚会等活动，我们能够全面提升大脑的功能，促进整体心理健康和幸福感。在日常生活中，积极参与社交活动是维持大脑健康的有效策略。

第四章　心理治疗方法

心理治疗是一个广泛的领域，其中包含了多种不同的方法和策略。认知心理治疗手段及方法，在治愈心理疾病或自我调节中发挥着至关重要的作用。它基于个体对自我、他人及世界的认知，通过识别和纠正扭曲、错误的思维模式，从而改善个体的情绪状态和行为反应。这种治疗方法不仅关注于解决当前的心理问题，更着力于帮助个体建立健康的认知结构，提高自我认知和自我调节能力，从根本上预防和减少心理疾病的复发。

认知心理治疗方法以其独特的理论框架和实践方法，为心理疾病的治愈提供了新的思路和途径，在心理疾病的治疗领域具有重要的地位和作用。它也因此成为现代心理治疗领域中的重要流派之一。

第一节　心理治疗方法的内涵

心理治疗领域中确实存在着众多治愈心理疾病的方法和策略，每种方法都有其独特的应用场景和对应的显著优势。这些治疗方法的选择往往基于患者的具体症状、心理状况、个人历史以及治疗目标。从心理学专业的角度出发，我们可以详细探讨以下几种主流的心理治疗方法。

（一）认知行为疗法（Cognitive Behavioral Therapy，简称CBT）

认知行为疗法是一种心理治疗方法，由A.T.Beck在20世纪60年代提出，主要针对抑郁症、焦虑症等心理疾病和不合理认知导致的心理问题。它主要关注患者的认知情况，通过改变患者的思维模式、情绪反应和行为习惯来改善心理健康。

CBT的基本原理基于这样一种观点——人的情绪和行为是由他们的思维方式所决定的。因此，治疗师会帮助患者识别并挑战那些导致心理问题出现的消极思维模式，如过度概括、个人化、灾难化等。同时，治疗师还会教给患者一些应对策略，如放松技巧、问题解决技巧等，以帮助他们更好地应对生活中的压力和挑战。

例如，大学生小明，即将面临一场模拟考试，他感到非常焦虑。认知行为疗法治疗师会首先帮助小明识别他的焦虑来源，即他对考试的过度担忧和对自己能力的怀疑。然后，治疗师会教给小明一些应对策略，如深呼吸等放松技巧，以帮助他减轻焦虑感。同时，治疗师还会与小明一起探讨他的思维模式，帮助他识别并改变那些导致焦虑的消极思维模式。

（二）正念疗法（Mindfulness-based Therapies，简称MBT）

正念疗法是一种心理治疗方法，它强调通过培养对当下经验的非评判性觉知来减轻痛苦和改善心理健康。正念疗法最初是由乔·卡巴金博士为治疗慢性疼痛而创立的，后来被广泛应用于各种心理问题的治疗。

正念疗法的核心在于培养觉知的能力，即在当前的感受、情绪和思维中保持专注和开放的状态，不评价、反应或逃避。为了培养觉知能力，治疗师会引导患者进行正念练习，如正念呼吸、正念行走、正念身体感受等。这些练习有助于患者更清晰地认识自己的感受、情绪和思维，从而更好地管理它们。

例如，一个抑郁症的患者，他总是对自己的评价过于负面，对未来感到绝望。正念治疗师会引导他进行正念练习，如关注自己的呼吸和身体感受，以此来减轻他的负面情绪。同时，治疗师还会帮助患者培养一种非评判性的态度，即对自己的感受、情绪和思维保持开放和接纳，而不是进行过度分析和评判。这样，患者就能够更好地管理自己的情绪，减轻抑郁症状。

认知行为疗法和正念疗法是最常用的两种心理治疗方法。除此之外，心理治疗还包括精神分析疗法、人本主义疗法等，这些方法各有特色，适用于不同的心理问题和个体需求。

（三）精神分析疗法

精神分析疗法由弗洛伊德创立，它强调探索患者的无意识心理过程，特别是童年时期的经历和内心的冲突，从此入手来理解和解决心理问题。

在精神分析疗法中，治疗师会倾听患者的自由联想，解析患者的梦境，以及分析患者的阻抗和移情现象，从而揭示患者内心的深层结构和冲突。

例如，对于一位有童年创伤经历的患者，精神分析疗法可以帮助他/她理解这些经历是如何影响现在的行为和情感反应的，并找到解决这些问题的方法。

（四）人本主义疗法

人本主义疗法强调人的自我实现和成长，认为每个人都有实现自身潜能和价值的能力。它关注个体的经验和感受，鼓励患者自我探索和成长。

在人本主义疗法中，治疗师会营造一个温暖、令人放松的环境，让患者能够自由地表达自己的感受和想法。治疗师会倾听患者的内心声音，帮助患者认识自己的需求和愿望，并鼓励患者追求自我实现。

例如，对于一名感觉生活无意义的学生，人本主义疗法可以帮助他/她重新发现自己的兴趣和自身的价值，并鼓励他/她追求更有意义的生活。

（五）家庭治疗

家庭治疗关注家庭系统对个体心理问题的影响，认为家庭中的互动和沟通模式是导致个体出现心理问题的原因之一。

在家庭治疗中，治疗师会邀请患者的家庭成员参与治疗，一起探讨家庭中的互动和沟通模式，以及这些模式是如何影响个体的心理健康的。治疗师会引导家庭成员进行有效的沟通和互动，以改善家庭氛围和个体的心理健康。

例如，对于一位因家庭矛盾而感到焦虑的少年，家庭治疗可以帮助他/她的家庭成员理解彼此的需求和感受，并找到合适的沟通方式，从而缓解家庭矛盾，改善青少年的心理健康。

（六）森田疗法

森田疗法是由森田正马创立的一种心理治疗方法，它强调“顺其自然，为所当为”的治疗原则，即让患者接受自己的症状和情绪，继续正常地生活和工作。

在森田疗法中，治疗师会引导患者了解自己的症状和情绪，并学会与它们和平共处。治疗师会鼓励患者继续正常地生活和工作，不要过分关注自己的症状和情绪。随着时间的推移，患者的症状和情绪会逐渐改善。

例如，对于一位因社交焦虑而无法正常与人交往的患者，森田疗法可以帮助他/她接受自己的焦虑情绪，并学会在焦虑的情况下正常地与人交往。随着时间的推移，患者的社交焦虑症状会逐渐减轻。

（七）行为疗法

行为疗法是一种基于学习理论的心理治疗方法，它专注于改变个体的不良行为，并帮助个体学习新的、适应性更强的行为模式。

行为疗法主要采用奖励和惩罚等手段，来强化适应性行为，减少不良行为。常用的方法包括阳性强化法、系统脱敏法、冲击疗法、厌恶疗法、模仿法、生物反馈法和放松训练等。

例如，一个孩子经常在课堂上分心，行为疗法治疗师可能会使用阳性强化法，每当孩子在课堂上保持注意力一段时间，就给予一定的奖励，如贴纸或者小玩具。通过这种方法，孩子能够逐渐学会在课堂上保持注意力的集中。

（八）支持性心理治疗

支持性心理治疗是一种通过提供情感支持、安慰、鼓励和引导来帮助个体应对心理压力、减轻心理困扰的治疗方法。

支持性心理治疗主要强调建立良好的治疗关系，治疗师通过倾听、解释、建议和保证等方式，帮助个体恢复心理平衡。在治疗过程中，可以加入一些辅助措施，如改善环境、加强娱乐等。

例如，一个经历失恋的青年感到极度的痛苦和无助，支持性心理治疗师会提供一个安全、舒适的环境，让他/她自由地表达自己的感受。治疗师会倾听并理解个体的痛苦，同时给予安慰和鼓励，帮助个体逐渐走出心理困境。

（九）心理动力疗法

心理动力疗法是一种基于弗洛伊德精神分析理论的心理治疗方法，它关注于探索个体的无意识心理过程，解决内心的矛盾和冲突，以达到心理治疗的目的。

心理动力疗法主要通过自由联想、梦的解析、阻抗分析等技术，揭示个体的无意识心理过程，并帮助个体面对和解决内心的矛盾和冲突。治疗师会鼓励个体表达自己的真实感受和需求，同时帮助个体建立更为健康的人格结构。

例如，一个人在童年时期受到了家庭暴力的创伤，导致他/她在成年后无法建立稳定的人际关系。心理动力疗法治疗师会帮助个体回忆并面对这一创伤经历，通过自由联想和梦的解析等技术，揭示个体无意识中的恐惧和愤怒等情感。治疗师会鼓励个体表达自己的真实感受和需求，并帮助个体学会以正确的方式处理这些情绪，从而建立更为稳定的人际关系。

总体来说，心理治疗方法各有特色，但都旨在帮助患者改善心理状况。当患者对某一种心理疗法产生认知和认同，这种认同感将对他们产生实质性的帮助。首先，认知疗法有助于患者理解自己的心理问题并接受需要治疗的事实，这是心理康复的第一步。其次，对特定疗法的认同能增强患者的治疗动机和信心，使他们更加积极地参与治疗，从而提高治疗效果。最后，这种认同感还能促进治疗师与患者之间建立良好的治疗关系，为治疗提供一个安全、双方相互信任的环境。在这样的环境下，患者更可能敞开心扉，与治疗师共同探索和解决心理问题。因此，对某一种心理疗法的认知和认同，是患者心理康复的重要动力，有助于他们更好地面对和治疗心理疾病。

第二节　常见的心理问题及成因

心理问题的出现是一个复杂的过程，受遗传学、生物学、社会学以及个人心理等众多要素的影响。这些因素并不孤立存在，而是相互交织、相互影响，共同造成了个体心理问题。基因的影响或许为个体在心理问题上打下基础，而生物学因素则通过神经递质系统的调控和大脑结构的变化加剧了这一趋势。社会因素，如来自家庭、学校、工作等方面的压力与挑战，又深刻地影响了个体的心理健康状态。与此同时，个人的心理特质、认知模式、情绪调节能力等也在这个过程中发挥着重要作用，决定了个体对外界刺激的反应方式。在这个错综复杂的网络中，各种因素相互作用、相互影响，共同导致了个体的心理健康状态的形成，塑造了其在情感、认知和行为方面的表现。因此，分析心理问题的成因需要综合考虑各个方面的因素，只有全面深入地分析这些因素之间的关联，才能更有效地干预和治疗心理疾病，提高个体的整体幸福感和生活质量。

心理问题与日常情绪压力之间存在密切联系。现代生活中的各种压力源，如学业压力、职业压力、人际关系压力、经济压力等，都可能对个体的心理健康产生负面影响。这种影响可能表现为焦虑、抑郁、恐慌、压力感、自卑感等心理症状。无论是儿童、少年、青年、中年还是老年，都需要及早认识心理问题并加以干预。通过心理咨询、心理治疗等方式，帮助个体应对和分解生活中的各种压力，提高应对能力，从而预防和减少心理问题甚至疾病的发生。维护好心理健康对于个体的生活质量和整体幸福感至关重要。

各年龄段常见的心理疾病如下：

儿童：注意缺陷多动障碍、抽动障碍、学习障碍、孤独症谱系障碍等。

少年：抑郁症、焦虑症、厌食症、恐慌症、社交焦虑症等。

青年：抑郁症、焦虑症、人格障碍、酒精或药物成瘾、精神分裂症等。

中年：抑郁症、焦虑症，工作压力导致的心理问题、中年危机等。

老年：认知障碍、老年抑郁症、焦虑症、阿尔茨海默病等。

第三节 认知自我心理问题的方法

认知自我心理问题是理解自己内心状态和思维模式的重要步骤，有许多途径可以帮助个体认知自己的心理问题。以下是一些常用的方法。

（一）心理健康测试和问卷调查

许多网站和应用程序提供各种心理健康测试和问卷调查，例如焦虑、抑郁、人格特质等方面的测试。这些测试可以帮助个体了解自己的心理健康状况，并识别潜在的心理问题。

（二）应用程序

现代社会有许多应用程序，提供自我监测、放松技巧、认知行为疗法等心理健康方面的服务。通过这些应用程序，个体可以记录自己的情绪，并获得具有针对性的建议和支持。

（三）心理学书籍和资料

阅读与心理学相关的书籍和资料，可以帮助个体了解心理问题的类型、症状和处理方法。书籍和资料可以提供深入的理论知识和实用的建议，帮助个体更好地认知自己的心理问题。

（四）在线心理咨询和治疗

现在许多心理学领域专业人士提供在线心理咨询和治疗服务。通过与心理咨询师或者心理治疗师的聊天，个体可以深入探讨自己的内心问题，获得专业的支持和指导。

（五）社交媒体和在线社区

在社交媒体上加入心理健康相关的群组和社区，可以与他人分享经验、获取支持和建议。与他人的交流和互动有助于个体认识自己的心理问题，并找到应对的方法。

（六）心理健康活动

参加心理健康活动，如冥想、放松训练、认知行为疗法、艺术疗愈等，可以帮助个体更好地认知和处理自己的心理问题。这些活动通常由专业人士组织和指导，具有一定的指导性和治疗效果。

综合利用这些方法，个体可以更全面地认知自己的心理问题，并寻找适合自己的应对策略和治疗方法。无论选择哪种方式，都应注意选择信任可靠的资源和专业人士，以确保获得有效的帮助和支持。

第四节　审视自我认知

现今，心理咨询机构和网络咨询平台涌现出大量的“专家”，然而，他们的专业水平与语言逻辑并不都能达到合格的心理医师标准。这种现象凸显了心理咨询行业的一些挑战和隐患。在寻求心理咨询帮助时，我们需要保持警惕，不要过早地将自己的问题定性为某种心理疾病，而是应该自行审视并意识到心理问题的复杂性。调研结果显示，虽然心理咨询行业的发展给人们提供了更多选择，但也有一些混淆和误导。许多所谓的“专家”缺乏必要的专业训练和认证，他们可能缺乏对心理学基础知识的全面理解，也未必具备适当的沟通和辅导技能。这种现象可能导致咨询结果不尽如人意，甚至给求助者带来额外的困扰和伤害。

因此，在选择心理咨询服务人员时，我们应该保持理性，不轻信咨询师的自我介绍，而是要寻找真正具备资质和经验的专业人士。除了专业水平之外，咨询师的语言逻辑也是评判其可信度的重要标准之一。一个合格的心理咨询师应该能够以清晰、准确的语言表达自己的观点和建议，而非使用模糊的词语或者复杂的说法。

案例1：小明在网上搜索心理咨询服务，找到了一个自称是心理专家的网络咨询师，名为张琳。小明最近感觉情绪低落，缺乏动力，开始怀疑自己是否患上了抑郁症，他决定向张琳求助。张琳并不是一名拥有正式心理学学位的专业人士，但她在网络上自称是一名资深心理咨询师，并且拥有大量粉丝和好评。小明通过聊天的形式，向张琳描述了自己的情况。张琳在与小明的对话中，使用了一些心理学术语，给人一种她很专业的印象。

她迅速断定小明可能患上了抑郁症，并建议他立即开始服用某种药物，同时提供了一个网站链接，让小明直接购买。然而，小明对张琳的建议感到有些疑惑。他觉得张琳并没有完全了解自己的情况，也觉得药物治疗可能过早。于是，他决定寻求其他途径。小明找到了一家正规的心理咨询机构，预约了一次面对面的咨询。在与一位拥有心理学博士学位的专业心理咨询师对话后，他得到了完全不同的建议。这位专业心理咨询师花了很长时间仔细倾听小明的讲述，提出了一系列问题，帮助小明更深入地了解自己的情况。最终，他们一起制订了一个针对小明具体情况的个性化治疗计划，包括心理疏导、行为调整和生活方式的改变，而不是匆匆给出了一个诊断和药物治疗的方案。

在这个案例中，我们可以看到，虽然张琳声称自己是一名心理专家，但她的建议并不一定是最适合的。她的诊断过早，建议也缺乏个性化，甚至可能带有商业利益的考虑。相比之下，正规心理咨询机构的专业心理咨询师通过更加细致的分析和个性化的服务，为小明提供了更有价值的帮助，帮助他正视自己的内心困扰，并制订有效的解决方案。

案例2：王先生在一家心理咨询机构预约了一次面对面的咨询，因为他最近感觉焦虑和恐惧情绪明显增加，已经影响到他的日常生活和工作。他希望通过专业的咨询解决这个问题。在咨询过程中，王先生向咨询师李女士描述了自己的症状，包括心跳加快、呼吸困难、胸闷等。李女士立即断定王先生可能患有焦虑症，并开始解释焦虑症的病因和治疗方法。在整个对话中，李女士使用了一些负面的词语，比如“疾病”“症状严重”等，给王先生一种他的问题非常严重的暗示。她没有给王先生提供任何正向的语言引导，也没有对他的情绪和想法进行深入的分析，而是一味强调病情的严重性。在咨询结束后，王先生感到更加焦虑和沮丧。他开始产生了一种无法摆脱焦虑的感觉，甚至开始怀疑自己的健康和未来。他开始逃避社交和工作，生活质量急剧下降。几个月后，王先生转而寻求另一家心理咨询机构的帮助。在向一位经验丰富的心理咨询师咨询后，他得到了完全不同的体验。这位姚姓心理咨询师首先向王先生表示理解和支持，鼓励他分享更多关于自己情绪和想法的信息。姚姓咨询师采取了一种温和的、正向的语言引导方式，帮助王先生重新审视自己的问题，并找到了一些积极的因素和应对策略。随着时间的推移，王先生逐渐恢复了自信和乐观，学会了如何管理自己的焦虑情绪，并逐渐重返正常的生活和工作状态。

这个案例突显了一个重要的问题：过度强调疾病的严重性和负面暗示可能会加重患者的心理压力，并阻碍他们的康复。相比之下，正向的语言引导和关怀态度以及个性化的支持和建议，对患者的康复更为有益。

案例3：小李是一名大学生，在一次心理咨询中被确诊患有广泛性焦虑障碍。这个诊断对他来说是一个巨大的打击，因为他意识到自己的情绪问题不仅影响到了学业和社交，也渗透到他的日常生活之中。他经常感到紧张、不安和无助，对未来充满了担忧和恐惧。但是，小李并没有沉溺于自怜之中，而是选择了积极正视自己的问题。行为疗法成为小李改善情况的主要方式。他从专业的心理咨询师那里学到，焦虑情绪往往来源于过度担心未来可能发生的事情，而实际上这些事情并没有发生或者根本不会发生。于是，他决定将注意力放在实际行动上，而不是消极的臆想中。他开始每天制订详细的计划和目标，将自己的时间和精力充分安排在各种有意义的活动上，如锻炼、学习、社交等。他也学会了放慢自己的生活节奏，享受当下的美好，而不是过度纠结于未来的不确定性。除了行为方面的改变外，小李还学会了运用正向思维来认知和审视自己。在心理咨询师的指导下，他开始学习如何察觉自己的思维和情绪，而不是被它们所控制。他学会了将自己从情绪中抽离出来，以一种更客观、理性的态度来面对挑战。每当焦虑情绪袭来时，他会停下来，深呼吸，然后用积极的方式来面对和解决问题。随着时间的推移，小李逐渐意识到自己的焦虑情绪在逐渐减轻。他发现自己变得更加自信，更加敢于面对生活中的各种挑战。他不再被恐惧和担忧所困扰，而是学会了更好地管理自己的情绪和应对压力的方法。最终，他成功地克服了广泛性焦虑障碍，重拾了对生活的热爱和信心。他的经历不仅让他个人得到了成长和改变，也成为他人的启示，激励着更多的人积极面对自己的心理问题，并寻找解决之道。

总体来说，我们在接受心理咨询时，不仅要对咨询者的专业水平和语言逻辑进行审视，更要意识到心理问题的复杂性和个体差异性。只有进行自我审视和认识，才能真正理解自己的内心，并找到有效的解决办法。

第五章　艺术疗愈：超越言语的力量

第一节　艺术疗愈受误解的原因

艺术疗愈（Art Therapy）本身结合了艺术和心理学两门学科，是一种心理治疗方法，通过艺术创作和表达来帮助个人处理情绪问题、改善心理状况和促进个人成长。在艺术疗愈中，参与者通过绘画、雕塑、音乐、舞蹈等形式的艺术活动，表达内心的感受和体验，借此实现情感的释放和自我认识。艺术疗愈师通过观察和解释患者的艺术作品，引导患者探索内心世界，激活潜在的情感和记忆，表达自己的情感和体验。艺术疗愈不注重艺术作品的质量，它的目的是帮助参与者们理解和解决心理问题。艺术疗愈强调艺术创作对心理健康的积极影响，认为艺术活动可以激发创造力、提升情绪表达能力，有助于个体建立积极的自我身份和认同感。总体来说，艺术疗愈方法强调个体的艺术表达和治疗过程的个性化，时间和内容都会根据参与者的需求和情况进行调整和变化。

大连理工大学城市学院数媒专业学生正在进行艺术疗愈

很多人对艺术疗愈存在误解：有的人认为艺术疗愈只是简单的手工艺活动，有的人认为艺术疗愈只适用于艺术家或者有艺术天赋的人，有的人认为艺术疗愈只是让人画画，没有实质作用，更有甚者认为艺术疗愈只是一种娱乐活动，不能等同于正式治疗。这些误解表明，艺术疗愈需要更多的宣传普及，以便公众更好地理解其作用和价值。实际上，许多研究表明，艺术疗愈对改善心理状况和减轻心理疾病症状具有显著效果。人们对艺术疗愈产生误解的原因可以从多个角度进行分析。

（一）对概念理解不足

艺术疗愈是一种通过艺术创作和表达来促进身心健康的治疗方法，但一些人可能将其简单地视为艺术或者手工艺活动，而忽略了其心理治疗的意义。艺术疗愈是一种通过艺术创作和表达来促进身心健康的治疗方法。它结合了心理学和艺术创作的原理，旨在帮助个体通过艺术创作来探索情感、增强意识、缓解压力、增强自信，并促进个人发展和身心康复。

艺术疗愈的重点不在于艺术作品本身的美感或者技巧，而在于创作过程中的心理体验和个体内心世界的表达。通过绘画、雕塑、手工艺等形式的艺术创作，个体可以自由地表达内心的情感、经历和感受，从而更好地理解自己并寻找解决问题的途径。

然而，有些人可能将艺术疗愈简单地视为一种艺术或者手工艺活动。实际上，艺术疗愈是在经过专业训练的艺术疗愈师指导下进行的一种治疗过程，目的是帮助个体解决心理问题、促进心理健康。

因此，要真正理解艺术疗愈，需要认识到它不仅仅是一种艺术活动，更是一种心理治疗方法，具有独特的治疗效果和意义。

（二）缺乏专业知识

对于非专业人士来说，艺术疗愈可能显得神秘和陌生，他们可能不了解其背后的理论基础和实践方法，导致对其产生误解。

1. 理论基础

艺术疗愈的理论基础主要包括心理动力学理论、人本主义理论和认知行为理论。这些理论认为，艺术创作可以帮助个体表达和处理内在的情感和冲突，从而促进心理健康和自我成长。

2. 实践方法

艺术疗愈的实践方法通常包括个体绘画、绘画解释、小组艺术活动和艺术作品分析等。这些方法旨在通过艺术创作来促进个体的自我认识和情感表达，从而帮助他们解决心理问题。

3. 治疗对象

艺术疗愈可以应用于处于各个年龄段和有各种心理疾病的个体，包括儿童、青少年、成人和老年人，治疗其焦虑、抑郁、创伤后应激障碍等心理疾病。

4. 效果和意义

研究表明，艺术疗愈可以帮助个体缓解压力、增强情绪管理能力、提高自尊心和自信心，促进个体的身心健康和全面发展。

总体来说，艺术疗愈是一种结合了艺术创作和心理治疗原理的治疗方法，旨在通过艺术创作来促进身心健康。虽然对非专业人士来说可能有些陌生，但理解其基本概念和原理可以帮助他们更好地认识艺术疗愈的意义和价值。

（三）文化观念和社会认知

持有不同文化观念和社会认知的人对心理健康和治疗方法的接受程度存在着差异。一些人可能对艺术疗愈持保守或者怀疑态度，他们更倾向于传统的心理治疗方法。这种差异主要源于以下几个方面。

1. 文化观念

在一些文化的影响下，人们认为心理健康问题是由身体或者神灵影响造成的，因此更倾向于使用身体疗法或者宗教仪式来治疗，而对艺术疗愈这种基于心理学的治疗方法持怀疑态度。

2. 社会认知

在某些社会认知的影响下，人们认为艺术疗愈只是一种娱乐活动，缺乏严肃性和科学性，因此不被视为有效的心理治疗方法。相比之下，传统的心理治疗方法（如心理咨询、药物治疗等）更受社会的认可。

3.教育水平

受教育水平较低的人可能对艺术疗愈的理解和接受程度较低，认为它只是一种无效或者奇怪的疗法。而受教育水平较高的人更容易理解和接受艺术疗愈。

然而，随着对心理健康的重视和认知水平的提高，越来越多的人开始接受并采用艺术疗愈这样一种有效的心理治疗方法。艺术疗愈不仅可以帮助个体表达和处理内在的情感和冲突，还可以促进跨文化和跨社会的心理健康意识和交流。因此，尽管存在文化观念和社会认知上的差异，但艺术疗愈在全球范围内已逐渐获得认可和推广。

（四）医学模式的偏见

在传统医学模式下，心理治疗通常以言语交流为主要方式。这种方式强调通过对话和言语表达来探索和解决心理问题，认为言语是最有效的沟通和治疗工具。然而，艺术疗愈与传统医学存在一些不同之处，这可能导致被误解和怀疑。

1. 表达方式不同

艺术疗愈强调通过艺术媒介（如绘画、雕塑、手工艺等）来表达情感和体验，而不依赖于言语。这种非语言表达的方式可能在传统医学模式下被误解为无效的或者不严谨的。

2. 治疗目标不同

传统医学模式下的心理治疗通常是为了解决或缓解特定的心理问题或者症状，而艺术疗愈更注重个体的整体发展和身心健康。这种不同的治疗目标可能导致传统医学模式下的医务人员对艺术疗愈的效果产生怀疑。

3. 科学性和临床证据

传统医学模式更注重科学性和临床证据，而艺术疗愈的效果往往难以用传统的科学方法和标准来衡量和证实。这可能导致传统医学模式下的医务人员对艺术疗愈的科学性和有效性产生怀疑。尽管存在这些误解和怀疑，但越来越多的研究和实践表明，艺术疗愈可以作为一种有效的心理治疗方法，帮助个体表达和处理内在的情感和冲突，促进心理健康和自我成长。因此，重要的是要消除传统医学模式的偏见，认识和尊重艺术疗愈这样一种独特而有效的心理治疗方法。

4. 信息来源不足

艺术疗愈是一种有效的心理治疗方法，但相关信息和宣传可能不够广泛和深入。一些人只听说过艺术疗愈，并没有深入了解其实质和效果。

5. 信息渠道有限

艺术疗愈的信息可能主要通过专业机构、学术研究和专业人员传播，而普通大众很少有机会接触到这些信息，导致一些人对艺术疗愈的认识停留在表面，没有深入了解其原理和效果。

6. 宣传不足

艺术疗愈的宣传不够广泛和具有针对性。一些人只是偶尔听说过艺术疗愈，但没有得到足够的信息来了解其具体内容和作用。在这种情况下，他们对艺术疗愈的认知只停留在模糊的概念或表面的了解上。

7. 误解和偏见

由于信息缺乏，一些人对艺术疗愈存在误解和偏见。他们认为艺术疗愈只是一种娱乐活动或者辅助手段，而不是一种有效的心理治疗方法。这种误解和偏见阻碍了人们对艺术疗愈的真正认识和接受。

为了改善这种情况，需要加大对艺术疗愈的宣传和推广力度，让更多的人了解和接受这种治疗方法的有效性和意义。同时，也需要提供更多的信息来源和渠道，让人们可以更全面地了解艺术疗愈的原理、方法和效果，从而消除对其的误解和偏见。

第二节　艺术疗愈的原始形态

洞穴绘画与艺术疗愈的关联体现在绘画过程中对于情感表达和心理解脱的追求。洞穴绘画通常位于深处，需要早期人类花费大量时间和精力才能完成。在绘画过程中，人们可以沉浸在创作中，忘却周围环境的压力和焦虑，从而达到一种心流状态，有助于减轻心理负担和焦虑。此外，绘画作为一种非语言表达方式，使得人们可以用更直观、更自由的方式表达内心感受，不受语言的限制。这种自由表达的过程本身就是一种心理疗愈，帮助人们释放消极情绪、增强自我认知，并寻找内心的平静和安宁。

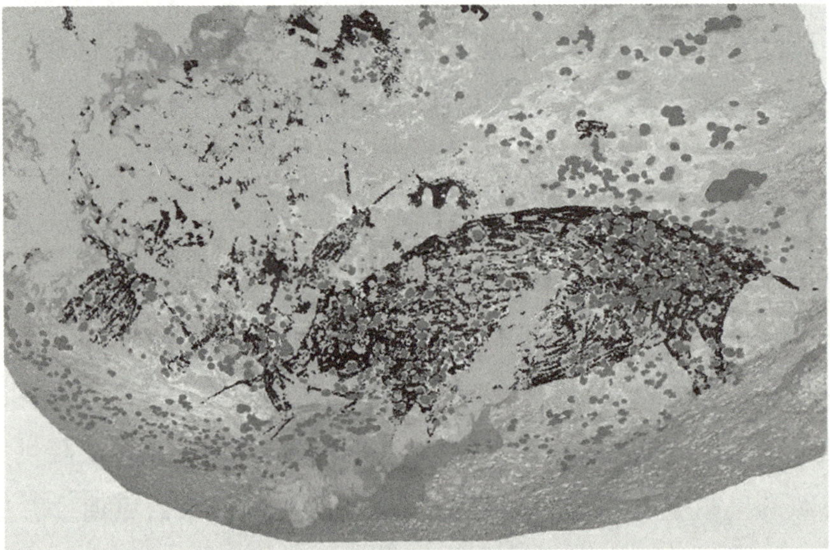

印度尼西亚苏拉威西岛发现的创作于51200年前的洞穴绘画

（图片来源：格里菲斯大学）

洞穴绘画可以被视为艺术疗愈的一种原始形态，早期人类通过绘画来实现心理康复和满足自我表达的需求。以下是洞穴绘画与艺术疗愈的关联的考古论证。

一、治愈功能的符号

洞穴绘画中出现了具有治愈功能象征意义的符号，如手印、动物形象和几何图案等。这些符号被认为是早期人类试图通过绘画来治愈身心的表现。

在法国南部的拉斯科洞穴（Lascaux Cave）中人们发现了许多具有治愈功能象征意义的符号。其中最著名的是被称为“巴洛奇特神”的符号，它是一种由手印和红色点组成的图案。考古学家认为，这种符号可能代表了早期人类对于疾病和伤痛的治愈的追求。据说，在古代，人们相信通过触摸或者凝视这种符号，获得康复和治愈的力量。因此，绘制这种符号被认为是一种仪式行为，旨在帮助患者获得精神上的安慰。这种符号的存在表明早期人类对于艺术的使用不仅是为了装饰和崇拜，更是为了寻求心灵和身体的康复。

二、崇拜和神秘主义

许多洞穴绘画描绘了动物和抽象形象，被认为与早期人类的崇拜和神秘主义有关。这种崇拜往往与祈祷、治疗和康复等活动联系在一起，显示了绘画与心灵和身体的联系。

人们在法国多尔多涅地区的夏蒙尼洞穴（Chauvet Cave）中发现了许多具有崇拜和神秘主义意义的洞穴绘画。其中，最著名的是被称为“狮子兽”（*Lion Panel*）的壁画。这幅壁画描绘了一头狮身人面像，身体上布满了神秘的几何图案。考古学家认为，这幅壁画可能代表了早期人类对于神秘力量和超自然现象的崇拜。在古代，人们相信这种神秘力量可以带来好运和保护，因此会定期到洞穴中礼拜和祈祷。这种崇拜往往伴随着仪式和祭祀活动，展示了人类对于神秘主义和宗教信仰的追求。这些洞穴绘画不仅仅是艺术作品，更是早期人类对于神秘和超自然现象的理解和表达。

在西班牙北部的阿尔塔米拉洞穴（Altamira Cave）中，人们发现了一幅名为“天花板的野牛”（*Ceiling of the Bulls*）的壁画，展示了多头野牛的形象。这些野牛被描绘得非常生动和形象，身上的图案和纹饰神秘而又神圣。考古学家认为，这些壁画可能与早期人类对于狩猎的祭祀和崇拜有关。人们相信绘制这些神圣的图像，可以祈求丰收和狩猎的成功，同时也希望获得来自神灵的庇佑和保护。因此，这些壁画不仅仅是装饰性的艺术作品，更是早期人类对于神秘主义和宗教信仰的敬畏的体现。这些洞穴绘画反映了早期人类对于神秘力量的崇拜和对于神灵保佑的追求，展现了艺术在宗教仪式和崇拜活动中的重要作用。

三、心理解脱与情感表达

洞穴绘画可能代表了早期人类试图通过艺术来实现心理解脱和情感表达。这种表达可能有助于释放压力、减轻焦虑和恐惧，从而促进心理健康。

在法国南部的拉斯科洞穴中，人们发现了许多具有心理解脱与情感表达功能的洞穴绘画。其中，最著名的是被称为“大厅的牛”的壁画。这幅壁画描绘了一群逼真的野牛，它们形象生动，展现出早期人类对于动物的敬畏和对生活的感悟。考古学家认为，这些壁画不仅仅是早期人类对自然界的模仿，更是他们对自己内心世界的抒发和表达。通过绘画，早期人类可以沉浸在创作中，忘却周围环境的压力和焦虑，达到一种心流状态。这种心流状态有助于释放压力、减轻焦虑和恐惧，从而促进心理解脱。此外，洞穴绘画作为一种非语言表达方式，使得人们可以用更直观、更自由的方式表达内心感受，不受语言的限制。这种自由表达的过程本身就是一种心理疗愈，帮助人们释放情感、增强自我认知，寻找内心的平静和安宁。因此，拉斯科洞穴中的壁画不仅仅是艺术作品，更是早期人类对于心理解脱与情感表达的追求和实践的体现。

四、社会团结和心理支持

洞穴绘画往往是集体活动，可能有助于增强社会团结和提供心理支持。通过参与绘画活动，早期人类可以感受到彼此的支持和理解，有助于缓解心理压力。

在法国南部的泰勒瑞洞穴（Tayac Cave）中，人们发现了一幅名为“雄鹿图”（*Stag Panel*）的壁画，展示了一群优雅的雄鹿。这些雄鹿被描绘得非常生动和具体，身上的图案和纹饰神秘而又神圣。早期人类在参与绘画的过程中，不仅仅获得了个人的心灵愉悦，更促进了整个社会的团结和向心力的加强。这种集体的绘画活动有助于增强社区成员之间的联系，提升整个社会的凝聚力和团结力。

五、心理康复的象征意义

洞穴绘画中的一些主题，如狩猎场景、生育图案等，可能代表了早期人类对于心理康复的渴望和追求。这些图案可能被视为心灵的疗愈象征，帮助个体摆脱困境，重获幸福。

在西班牙北部的特雷布利亚洞穴（Cave of Tito Bustillo）中发现了一些具有心理康复象征意义的洞穴绘画。其中，最著名的是被称为“心脏图案”的壁画。这些壁画描绘了抽象的心脏形状，周围环绕着各种神秘的符号和图案。考古学家和心理学家认为，这些壁画可能具有对个体心理康复的启示作用。

首先，心脏作为人类情感和精神的象征，代表着爱、关怀和内心的力量。通过绘制心脏图案，早期人类可能试图表达对于生活的热爱和对于自己内在世界的探索，从而获得心灵的宁静和平衡。其次，周围的神秘符号和图案可能代表着个体在心理康复过程中所经历的种种挑战和困扰。人们通过绘制这些符号，试图化解内心的矛盾和困惑，找到心灵的出路和个人的解脱之道。最后，这些壁画也可能是对于社会团结和支持的呼唤和表达。在古代，人们通常以集体的方式生活和工作，通过绘制这些象征性的图案，加强社区成员之间的联系和支持，共同面对生活的挑战。

因此，特雷布利亚洞穴中的心脏图案不仅仅是艺术作品，更是早期人类对于心理康复和社会支持的追求和表达。这些壁画通过象征性的图案和符号，为个体提供了探索和表达内心世界的途径，有助于增强个体的心理素质和幸福感。

综上所述，艺术疗愈是一种利用艺术形式促进心理康复的方法，其起源可以追溯到早期人类对艺术的探索和应用。这种治疗方法基于心理学理论，认为艺术创作和欣赏可以促进个体的心理健康和社会适应能力。通过参与艺术活动，个体可以表达和处理内在的情感和冲突，增强自我意识和自我表达能力。早期人类在洞穴壁画中使用艺术形式表达对生存和社会秩序的理解，同时也展现了对心理康复和社会支持的追求。

第三节　著名的业界人士对艺术疗愈的看法

艺术在心理疾病的治疗和干预中已经有很多年的应用历史，并且已经积累了大量的数据和研究成果。通过研究数据和临床实践，艺术疗愈已经被证明是一种安全有效的治疗方法，在心理学领域中发挥着重要作用。

艺术疗愈有一定的科学依据，以下是相关业内著名人物提出的见解与观点。

一、西格蒙德·弗洛伊德（Sigmund Freud）

西格蒙德·弗洛伊德是心理学和精神分析学的奠基人之一，虽然他不是专门从事艺术疗愈的医生，但在20世纪早期，他对梦境的解析和潜意识的研究为后来的艺术疗愈理论奠定了基础。他对艺术的理解和应用在心理疗法领域产生了深远的影响。弗洛伊德认为，艺术作为一种象征性活动，具有独特的心理作用和价值。

首先，弗洛伊德认为，艺术可以帮助个体表达无法用语言表达的情感和欲望。在日常生活中，个体可能会受到种种禁忌和压抑，无法直接表达内心深处的情感和愿望。通过艺术表达，个体可以将这些无法言说的情感和欲望转化为符号和形象，从而获得宣泄的途径。

其次，弗洛伊德将艺术视为一种心理调节的手段。他认为，艺术作品中所表现的符号和形象可以帮助个体理解和处理自己的心理冲突和压力。通过观赏和参与艺术作品的创作，个体可以深入探索自己的内心世界，找到心理冲突的根源，并寻求解决之道。

此外，弗洛伊德还认为，艺术可以帮助个体实现心理上的满足和安慰。他认为，艺术作品所表现出的美和和谐可以激发个体内在的愉悦感和满足感，从而缓解心理压力，提升心理健康水平。

总体来说，弗洛伊德强调了艺术在心理疗法中的重要作用。他认为，艺术不仅可以帮助个体表达内心深处的情感和欲望，还可以帮助个体处理心理冲突，实现心理上的满足。这些观点为艺术疗愈的理论和实践提供了重要的理论基础，对于推动艺术疗愈的发展和应用具有重要意义。

二、马格丽特·纽曼（Margaret Naumburg）

马格丽特·纽曼被认为是艺术疗愈领域的先驱之一，她对艺术疗愈的贡献被广泛认可。20世纪初期，她提出了“隐喻制作”的概念，强调艺术作为一种隐喻性活动，可以帮助个体探索和理解自己的内心世界。

纽曼认为，隐喻制作是一种通过艺术表达来探索和表达内在体验的过程。在艺术创作中，个体可以用符号、形象和色彩来表达内心的情感、思想和经历，这些表达方式通常比言语更直观、更深刻。通过隐喻制作，个体可以深入探索自己的内心世界，发现和化解潜在的情感冲突、欲望和需求。

纽曼强调，艺术疗愈应该是一个自由的、非指导性的过程，个体应该被允许自由地表达自己的内在体验，而不受外界的干扰和评判。在这样的环境中，个体可以通过艺术表达来发现自己的真实感受，并寻求心理上的平衡和和谐。

纽曼的观点对于现代艺术疗愈实践产生了深远的影响。她的理念强调个体在治疗过程中的主动性和创造性，提倡尊重个体的内在需求和体验，强调治疗过程应该是一个互动的、合作的过程。这些理念为艺术疗愈发展提供了重要的理论基础，也为个体在治疗过程中找到内在平衡和和谐提供了有益的指导。

三、亚伯拉罕·马斯洛（Abraham Maslow）

亚伯拉罕·马斯洛是一位著名的心理学家，他在20世纪中期提出的人类需求层次理论对艺术疗愈的发展产生了重要影响。马斯洛认为，艺术可以满足人类的自我实现需求，成为个体激发个人潜能和追求自我完善的重要途径。

根据马斯洛的人类需求层次理论，人类的需求可以分为五个层次，依次为生理需求、安全需求、社交需求、尊重需求和自我实现需求。在这个层次结构中，自我实现需求被认为是最高层次的需求，代表了个体追求个人成长和完善的愿望。

马斯洛认为，艺术可以成为个体满足自我实现需求的重要途径。通过参与艺术创作和欣赏，个体可以表达自己独特的思想、情感和体验，从而实现个性的发展和自我实现。艺术作为一种具有创造性的活动，可以帮助个体发现自己的潜能和独特性，从而提高其自我认知和自我接受的能力。

在实践中，马斯洛的理论启发了许多艺术疗愈师将艺术作为一种心理健康的促进工具。他们通过引导个体参与艺术创作和欣赏活动，帮助其实现激发个人潜能和追求自我完善的愿望。这种治疗方法被证明对于促进个体心理健康和成长具有积极的作用。

总体来说，亚伯拉罕·马斯洛的人类需求层次理论为我们提供了一个重要的理论框架，帮助我们理解艺术对于个体心理健康和自我实现的重要性。他的理论对艺术疗愈的发展产生了深远的影响，为我们提供了一个新的视角，帮助我们更好地利用艺术的力量来促进个体的心理健康和成长。

四、卡尔·荣格（Carl Jung）

20世纪中叶，卡尔·荣格是心理学和精神分析学领域的重要人物，他对艺术疗愈的看法和见解对于理解艺术疗愈的有效性具有重要的启示作用。

荣格认为，艺术作为一种自然表达方式，可以帮助个体探索和表达潜意识中的情感和冲突。他认为，潜意识是个体心理活动的重要组成部分，包含个体的内在冲突、欲望、恐惧和愿望等。通过艺术表达，个体可以将潜意识中的内容呈现出来，从而更好地理解自己的内在世界。

在荣格看来，艺术表达不仅可以帮助个体认识自己，还可以帮助个体与他人建立联系。他认为，艺术作品具有一种共鸣的力量，可以触动观者内心深处的情感和记忆。通过互动，个体可以与他人分享自己的情感和经历，建立起一种深层的情感联系。

荣格还认为，通过艺术表达，个体可以找到内在的平衡和和谐。他认为，人类的内在世界是由各种对立面构成的，如意识与潜意识、理性与感性等。通过艺术表达，个体可以将这些对立面融合在一起，达到内在的统一和完整。这种内在的统一和完整对于个体的心理健康和成长至关重要。

总体来说，荣格的思路和见解强调了艺术疗愈在探索个体内在世界、促进内在平衡和和谐方面的重要作用。他的观点为艺术疗愈的理论和实践提供了深刻的理论基础，对于推动艺术疗愈的发展和应用具有重要意义。

五、伊迪斯·克莱默（Edith Kramer）

伊迪斯·克莱默是一位重要的艺术疗愈师和心理学家，她在20世纪中叶至晚期在艺术疗愈领域作出了重要贡献。她提出了“形式创造”理论，强调艺术创作是个体对内在体验进行整合和表达的过程。

根据伊迪斯的理论，艺术创作是一个自由和创造性的过程，个体通过艺术作品将内在的情感、欲望和体验表达出来。在这个过程中，个体不受外界限制，可以自由地表达自己的内心世界，从而实现心理上的解放和平衡。

伊迪斯认为，艺术创作具有疗愈的作用，可以帮助个体处理心理问题和情绪困扰。通过艺术创作，个体可以更好地理解自己的情感和内心体验，从而促进自我认识和成长。艺术创作还可以帮助个体建立积极的身份认同和自我价值感，增强个体的心理韧性和适应能力。

在伊迪斯看来，艺术创作是与生俱来的人类需求，它可以帮助个体实现自我表达的愿望。艺术作为一种自然的表达方式，可以帮助个体建立与内在世界的联系，从而实现心灵的和谐与平衡。

总体来说，伊迪斯的“形式创造”理论为艺术疗愈提供了重要的理论基础和实践指导，她的理论对于解释艺术疗愈的疗效机制和推动艺术疗愈的发展具有重要意义。

六、玛丽亚·蒙特梭利（Maria Montessori）

玛丽亚·蒙特梭利是20世纪中叶一位著名的意大利教育家。虽然她主要以教育家身份著称，但她也认为艺术是儿童表达内心世界的重要方式。她的教育理念在整个教育领域都有深远的影响。

蒙特梭利认为，艺术是儿童表达内心世界的重要方式之一。在她的教育实践中，艺术被视为儿童自我表达和创造的重要途径。她认为，儿童在艺术活动中可以表达他们的想法、情感和体验，从而帮助他们更好地认识自己和周围的世界。

在蒙特梭利的教育方法中，艺术被视为儿童发展的重要组成部分。通过参与艺术活动，儿童可以培养自己的创造力、想象力和表达能力，这些能力对于儿童的综合发展非常重要。艺术还可以帮助儿童建立自信心和自尊心，促进他们的社交能力发展。

蒙特梭利的教育理念强调对儿童个体差异的尊重和理解，她认为每个儿童都应该被视为独一无二的个体，应该得到个性化的教育和关爱。在她看来，艺术可以帮助教师更好地了解每个儿童的需求和特点，从而更好地指导和支持他们成长。

总体来说，蒙特梭利对于艺术的看法体现了她对儿童发展的深刻理解和对个体差异的尊重。她的教育理念为我们提供了一个重要的参考框架，帮助我们更好地支持儿童的成长和发展。

七、唐·琼斯（Don Jones）

唐·琼斯是20世纪中后期一位知名的艺术疗愈师，他在艺术疗愈领域作出了重要的贡献。他是美国艺术疗愈协会（American Art Therapy Association）的创始人之一，也是《艺术疗愈杂志》（*The Arts in Psychotherapy*）的创办者之一，一直致力于推动艺术疗愈在心理健康领域的发展和应用。

琼斯认为，艺术疗愈具有独特的优势和作用机制，可以在个体的心理健康和情绪管理中发挥重要作用。他强调艺术疗愈的非语言性质，认为通过艺术创作，个体可以表达出无法用语言表达的情感和内心体验。这种非语言的表达方式可以让个体更加自由地表达自己的情感，并且可以帮助个体更好地认识和处理自己的情感问题。

此外，琼斯还强调艺术疗愈的创造性和启发性。艺术创作过程本身就是一种创造性的活动，可以激发个体的创造力和想象力。通过艺术创作，个体可以开拓自己的思维，探索自己的内心世界，从而促进个体的心理成长和发展。

总体来说，唐·琼斯对于艺术疗愈的贡献不仅体现在他的实践工作中，更体现在他对艺术疗愈理论和实践的深刻思考和不懈努力上。他的见解为艺术疗愈在心理健康领域的发展和应用打下了坚实的基础，对于后来的艺术疗愈研究和实践产生了深远的影响。

八、玛格丽特·卡洛克-鲁索（Margaret Carlock-Russo）

玛格丽特·卡洛克-鲁索是一位备受尊敬的艺术疗愈师和心理学家，她于21世纪初在艺术疗愈领域作出了重要的贡献。她致力于研究艺术疗愈在心理康复中的应用，并且在实践中取得了显著的成果。

卡洛克-鲁索认为，艺术疗愈在心理康复中起着重要的作用。通过艺术创作，个体可以表达内心深处的情感和体验，从而促进情感的释放和情绪的调节。艺术创作还可以帮助个体建立积极的身份认同感，增强个体的自信心和自尊心。

在实践中，卡洛克-鲁索将艺术疗愈应用于各种心理康复项目中，包括帮助个体应对创伤后应激障碍（PTSD）、焦虑症、抑郁症等心理问题。她的研究表明，艺术疗愈可以显著改善个体的心理健康状况，提高其生活质量。

此外，卡洛克-鲁索还致力于将艺术疗愈引入更广泛的社区和群体中，包括老年人、残障人士和患有慢性疾病的人群。她认为，艺术疗愈可以为这些群体带来心理上的慰藉和支持，促进他们更好地应对生活的挑战。

总体来说，玛格丽特·卡洛克–鲁索对艺术疗愈在心理康复中的应用作出了重要贡献，她的研究为我们提供了更强大的理论基础，帮助我们更好地利用艺术疗愈的力量来促进心理健康和康复。

九、多纳·米歇尔（Donna Michelle）

21世纪初，多纳·米歇尔是美国艺术疗愈协会的主席，她认为艺术疗愈可以帮助个体表达情感、增强自我意识、提升应对压力的能力。

首先，米歇尔认为，艺术疗愈可以帮助个体表达情感。通过绘画、雕塑、音乐等艺术形式，个体可以将内心深处的情感和体验转化为可视化的作品。这种形式的表达不仅可以帮助个体理清自己的情感，还可以使其与治疗师和其他参与者分享自己的感受，从而获得支持和理解。

其次，米歇尔强调艺术疗愈对于增强个体的自我意识非常重要。在艺术疗愈过程中，个体需要观察自己的作品，并对其进行反思和解释。这种反思过程可以帮助个体更好地了解自己的内在世界，发现自己的价值观、信念和情感需求，从而增强自我认知和自我理解。

此外，米歇尔认为，艺术疗愈可以帮助个体提升应对压力的能力。通过艺术创作，个体可以将内心的紧张和压力转化为创造性的创作活动，从而减轻压力和焦虑。同时，艺术疗愈还可以帮助个体培养应对困难和挑战的能力，提升其在逆境中的应对能力。

总体来说，多纳·米歇尔的观点强调艺术疗愈在情感表达、自我意识和压力管理方面的重要作用。她的见解为艺术疗愈的实践提供了重要的指导，也为个体在治疗过程中获取心理健康提供了有益的借鉴。

十、凯茜·玛考尔蒂（Cathy Malchiodi）

凯茜·玛考尔蒂是一位备受尊敬的艺术疗愈师和作家，她在21世纪初提出了“创造性修复”的概念，为艺术疗愈带来了新的理论和实践方法。她认为，艺术疗愈可以帮助个体建立积极的身份认同感，从而促进心理康复和成长。

根据玛考尔蒂的观点，创造性修复是指通过艺术创作来促进心理康复和自我成长的过程。艺术创作可以让个体表达内心深处的情感和体验，从而促进情感的释放和情绪的调节。通过参与艺术创作，个体可以建立起对自己的认同感和自信心，从而更好地应对生活中的挑战和困难。

玛考尔蒂认为，艺术疗愈可以帮助个体建立起积极的身份认同。在艺术创作的过程中，个体可以探索和表达自己独特的内心世界，从而建立起对自己的理解和接纳。艺术创作还可以帮助个体发现自己的潜能和价值，从而增强其自尊心和自我价值感。

在实践中，玛考尔蒂将创造性修复的理念应用于各种心理康复项目中，包括帮助个体应对创伤后应激障碍（PTSD）、焦虑症、抑郁症等心理问题。她的研究表明，艺术疗愈可以显著改善个体的心理健康状况，提高其生活质量。

总体来说，凯茜·玛考尔蒂对艺术疗愈的贡献不仅体现在她的理论贡献上，更在于她的实践工作中。她的理论和实践为我们提供了一个全新的视角，帮助我们更好地认识和利用艺术疗愈的力量来促进心理康复和成长。

第四节　艺术疗愈的治疗范围

艺术疗愈可以帮助干预和治疗多种心理问题或者患有心理疾病的人群。在不同的治疗问题上，艺术疗愈可以为各种心理问题或者患有心理疾病的人群提供一种非常有效的治疗方式，帮助他们重建自信、找回自我，并提高生活质量。通过参与艺术活动，患者可以找到一种表达情感和缓解压力的方式，从而改善他们的心理健康状况。艺术创作可以让患者通过观察、感受和表达来探索自己的内心世界，从而更好地理解自己的情感和需求，找到解决问题的途径。艺术疗愈可以帮助患者形成积极的生活态度，建立战胜困难的信心，并提高适应能力，使他们能够更好地应对生活中的挑战和压力。

抑郁症是一种常见的心理问题，艺术疗愈可以帮助患者表达情绪、减轻消极情绪带来的压力，促进情绪调节和自我认知。通过参与各种形式的艺术活动，患者可以逐渐找回内心的平衡和和谐。

焦虑症是另一种常见的心理问题。通过参与创造性的艺术活动，患者可以减轻焦虑，提高自信心和应对压力的能力。艺术创作可以让患者专注于当下的体验，从而减轻对未来的担忧。

创伤后应激障碍（PTSD）是一种严重的心理疾病，艺术疗愈可以帮助患者淡化创伤经历，减轻痛苦和恐惧，促进康复和心理重建。通过艺术创作，患者可以重新审视自己的经历，并逐渐接受这些经历。

大连理工大学城市学院艺术疗愈体验教师引导

孤独症谱系障碍（ASD）是一种常见的发育障碍。艺术疗愈可以帮助孤独症患者改善社交能力、提高注意力和集中力，并减少焦虑情绪和冲动行为出现的频率。艺术创作可以让患者建立起与外界沟通的桥梁，从而改善他们的社交能力。

阿尔茨海默病是一种常见的老年疾病。艺术疗愈可以提高阿尔茨海默病患者的生活质量，促进记忆力和认知功能的修复。通过参与艺术活动，患者可以保持大脑活跃，延缓认知功能的衰退。

药物成瘾是一种严重的社会问题，艺术疗愈可以作为康复过程中的一种辅助疗法，帮助患者缓解戒断症状，培养健康的生活方式。通过艺术创作，患者可以找到一种积极的生活方式，摆脱对药物的依赖。

注意力不集中、活动过度等行为问题是常见的儿童和青少年心理问题。通过参与艺术活动，患者可以学会更好地表达自己、理解他人，培养积极的行为习惯。艺术创作可以让患者找到适合的方式来表达自己的情感和需求，从而改善他们的行为问题。

除了已经提到的心理问题和心理疾病，艺术疗愈还可以减轻许多其他症状。

一、压力和焦虑

艺术疗愈可以帮助人们缓解压力和焦虑，提高情绪管理能力，使人更加轻松和平静。

艺术疗愈在缓解压力和焦虑方面具有显著的效果。艺术创作的过程可以让个体专注于当下的体验，从而减轻对未来的担忧和焦虑。同时，艺术疗愈也可以提供一种情绪表达的出口，让个体有机会将内心的压力和焦虑转化为具体的艺术作品。这种转化过程不仅有助于消极情绪的释放，还可以帮助个体更好地认识和管理自己的情绪。

从心理学的角度来看，压力和焦虑是由于个体对于环境或者事件的感知超出了其应对能力而产生的一种心理反应。而艺术疗愈可以通过艺术创作，改变个体对于环境或者事件的认知，从而缓解压力和焦虑。具体来说，艺术疗愈可以借助以下几种方式来帮助缓解压力和焦虑。

注意力转移：艺术创作可以让个体的注意力从焦虑和压力的源头转移，集中于艺术作品的创作。这种转移可以让个体暂时远离焦虑和压力，体验到一种放松和愉悦的感觉。

情绪表达：艺术作为一种非语言的表达方式，可以让个体更自由地表达内心的情感和体验。通过绘画、雕塑或者其他艺术形式，个体可以将内心的压力和焦虑转化为具体的作品，从而获得情绪上的释放和宣泄。

情绪调节：艺术创作可以帮助个体更好地认知自己的情绪，从而提高情绪管理能力。通过创作艺术作品，个体可以学会如何调节自己的情绪，使情绪更加平稳。

二、自我探索和成长

艺术疗愈可以帮助个体更好地了解自己，发现潜在的问题和自身优势，并且促进个人成长和发展。

艺术疗愈在自我探索和成长方面具有显著的作用。在艺术创作的过程中，个体可以深入探索自己的内心世界，发现潜在的问题和隐藏的优势，并逐步实现个人的成长和发展。

自我意识和认知：艺术疗愈可以帮助个体增强自我意识和认知能力。通过艺术创作，个体可以深入审视自己的情感、想法和价值观，从而更清晰地了解自己的内在世界。

潜意识探索：艺术作为一种非语言的表达方式，可以帮助个体探索潜意识中的内容。通过绘画、雕塑或者其他艺术形式，个体可以将潜意识中的情感和体验呈现出来，从而更深入地了解自己的内在世界。

发现和解决问题：艺术疗愈可以帮助个体发现潜在的问题，并寻找解决问题的途径。通过艺术创作，个体可以表达内心的矛盾和冲突，从而找到解决问题的方向和方法。

情感表达和处理：艺术疗愈可以帮助个体表达和处理情感。通过艺术创作，个体可以将复杂的情感转化为具体的艺术作品，从而获得情感上的宣泄和解脱。

自我肯定和成长：艺术疗愈可以促进个体的自我肯定和成长。通过艺术创作，个体可以发现自己的优势和潜力，从而更自信地面对生活的挑战，并实现个人的成长和发展。

三、沟通困难

对于一些人来说，艺术比语言更容易表达他们的想法和感受，因此可以帮助他们克服沟通困难，与他人更好地交流。

艺术疗愈在帮助个体克服沟通困难方面具有显著的作用。

作为非语言表达方式：艺术疗愈通过绘画、雕塑、音乐等形式，为个体提供了一种非语言的表达方式。这种非语言的表达方式可以帮助个体突破语言的限制，更准确地表达自己的内心世界。

创造安全的表达环境：艺术疗愈提供了一个安全、支持性的环境，让个体感到放松和舒适。在这样的环境中，个体更有可能敞开心扉，用艺术作品表达自己的想法，从而克服沟通困难，与他人更好地交流。

促进情感表达和理解：艺术疗愈可以促进个体的情感表达和理解。通过艺术创作，个体可以将复杂的情感转化为具体的艺术作品，让他人更容易理解和产生共鸣。这种情感表达和理解可以帮助个体与他人建立起更深层次的沟通和连接。

增强自信心和自我认知能力：艺术疗愈可以增强个体的自信心和自我认知能力。通过艺术创作，个体可以发现自己的创造力和独特性，从而提升自信心和自我认知能力。这种自信心和自我认知能力的提升可以帮助个体更好地面对沟通困难，勇敢地表达自己。

四、社交技能

艺术疗愈可以提高个体的社交技能，帮助他们更好地理解他人，建立良好的人际关系。

艺术疗愈在提高个体社交技能方面的作用有一定的科学依据。

情感表达与理解：艺术疗愈通过艺术创作，帮助个体表达和理解情感。这种情感表达和理解能力不仅有助于个体更好地理解自己的情感状态，还可以帮助个体更好地理解他人的情感。通过艺术疗愈培养情感表达与理解能力，可以提高个体的社交技能，使其更加敏感和体贴，满足他人的情感需求。

创造性思维与解决问题能力：艺术疗愈鼓励个体发挥创造力，尝试新的艺术表达方式。这种创造性思维和解决问题能力可以在社交场合中发挥作用，使个体更具有灵活性和创造力，更容易与他人建立联系。

沟通技巧：艺术疗愈提供了一个非常规的沟通途径，通过艺术作品，个体可以用视觉形式表达自己的想法和感受。这种沟通方式可以培养个体的沟通技巧，包括表达清晰、倾听他人心声、理解非语言信息等，从而掌握社交技能。

自我意识和情绪管理：艺术疗愈有助于个体掌握自我意识和情绪管理能力。这种能力可以使个体理解自己的情感反应，并在社交互动中更好地控制情绪，从而适应社交环境。

五、身心平衡

艺术疗愈可以帮助个体建立身心平衡，促进身心健康。

身心平衡是指个体在心理和生理层面的平衡状态，艺术疗愈在促进身心平衡方面的作用有一定的科学依据。

情绪调节：艺术疗愈可以帮助个体表达和处理内心的情感和体验。这种情感的表达和释放有助于个体调节情绪，减轻压力和焦虑，从而促进身心的平衡和健康。

放松身心：参与艺术创作可以让个体放松身心，减轻身体和心理上的紧张感。在艺术创作过程中，个体的专注和投入可以帮助其忘记外界的压力和烦恼，从而达到身心放松的状态。

提升心理健康：艺术疗愈有助于提升个体的心理健康水平，增强对生活的积极态度和应对困难的能力。这种积极的心态和能力有助于维持身心的平衡，提高生活质量。

促进身体健康：艺术疗愈可以通过促进身心平衡，提升免疫系统的功能，增强身体的抵抗力，从而预防和缓解一些身体疾病。

六、情绪调节

艺术疗愈可以帮助个体更好地认识和管理自己的情绪，提高情绪的稳定性和积极性。

情绪调节是人们维持心理健康的重要手段，而艺术疗愈在情绪调节中扮演着重要的角色。

情绪表达和认知：艺术疗愈提供了一种非语言的表达方式，使个体能够通过绘画、雕塑、音乐等形式表达内心的情感和体验。这种表达方式有助于个体更清晰地认识自己的情绪，从而更好地管理它们。

情绪放松和释放：参与艺术活动可以帮助个体放松身心，减少情绪带来的紧张和压力。在艺术创作过程中，个体的专注和投入可以使其暂时忘记外界的烦恼，从而促进情绪的放松和释放。

情绪调节和稳定：通过艺术创作，个体可以学会更有效地调节情绪，使之更加平衡和稳定。艺术作品反映了个体内在世界的状态，而通过创作和观察作品，个体可以更好地认识自己的情绪，最终学会如何调节它们。

激发积极情绪：艺术疗愈可以激发个体内在的积极情绪，提高情绪的积极性。参与艺术活动可以带来成就感和满足感，提升个体的自信心和乐观水平，从而促进积极情绪的产生和保持。

七、创造力和想象力

艺术疗愈可以激发个体的创造力和想象力，帮助他们找到新的解决问题的方式。

艺术疗愈在激发个体创造力和想象力方面发挥着重要作用。通过艺术创作，个体得以表达内心情感和体验，这种表达过程本身就是一种创造性的行为。

释放情感和压力：艺术疗愈可以帮助个体释放情感和压力，使他们更加放松和开放。这种放松的状态有利于思维的流畅和创造性思维的发展。

提高自我意识：通过艺术创作，个体可以更深入地了解自己的内心世界和情感状态。这种自我意识的提高有助于个体的创造力和想象力的激发。

拓宽视野：艺术疗愈可以帮助个体拓宽视野，发现解决问题的多种方式。这种视野的拓展促进了创造性思维的形成。

增强自信心：艺术疗愈可以增强个体的自信心，使他们更愿意尝试新的办法和解决方案。这种自信心对于创造性思维的发展至关重要。

培养解决问题能力：艺术疗愈可以帮助个体培养解决问题的能力，通过艺术创作，个体学会了面对问题时保持开放的心态，寻找不同的解决途径。

八、心理康复

艺术疗愈可以帮助个体从心理创伤或者困境中康复，重拾信心和希望。

艺术疗愈在心理康复中扮演着重要的角色。通过艺术创作，个体得以表达内心情感和体验，这有助于其摆脱心理创伤或者走出困境，并重拾信心和希望。

情感表达和处理：艺术疗愈提供了一个安全的空间，使个体能够自由地表达和处理内心的情感和体验。这种情感的释放和处理有助于减轻心理压力和痛苦，促进心理康复。

自我认知和理解：通过艺术创作，个体可以更深入地了解自己的内在世界和心理状态。这种自我认知和理解有助于个体从心理困境中解脱出来，并找到康复的路径。

建立积极心态：艺术疗愈可以帮助个体建立积极的心态，重拾对生活的信心和希望。通过艺术创作，个体学会了用积极的方式看待自己和生活，这对于心理康复至关重要。

社交支持和联系：参与艺术疗愈活动可以使个体获得社交支持和联系，这有助于缓解孤独感，促进心理康复。

增强应对困难的能力：艺术疗愈可以培养个体面对困难和挑战的能力，通过艺术创作，个体学会了用更加积极和具有创造性的方式来解决问题，从而促进心理康复。

九、身心调和

身心调和是艺术疗愈的重要效果之一。艺术疗愈通过艺术创作的方式，帮助个体实现身心的调和，使他们的身心更加健康。

情感表达和释放：艺术疗愈提供了一个安全的空间，使个体能够自由地表达和释放内心的情感和压力。通过情感和压力的表达和释放，个体可以缓解身心的紧张和不适。

身心连接和认知：艺术疗愈可以帮助个体建立身心连接，增强对自身的认知和理解。通过艺术创作，个体可以更深入地了解自己的内在世界和身心状态。

提高自我意识和自我关怀：艺术疗愈可以提高个体的自我意识和自我关怀能力。通过艺术创作，个体能够学会更好地关注自己的身心状态，有助于实现身心平衡。

缓解身心疲劳和压力：艺术疗愈可以帮助个体缓解身心疲劳和压力，使他们更加放松和平静。这种放松和平静的状态有助于实现身心的调和。

促进身心健康：艺术疗愈可以促进个体的身心健康，通过艺术创作，个体可以获得身心的愉悦和满足感，最终实现身心的平衡。

第五节　艺术家与心理疾病

艺术家与心理疾病之间的联系是一个备受关注的话题。许多伟大的艺术家，如文森特·梵高、爱德华·蒙克以及草间弥生，并非仅仅是因为他们出色的艺术作品而被人们所熟知，还因为他们在生活中经历的心理疾病与情感挣扎。这些艺术家的作品常常被视为对内心世界的直观表达，是个体情绪与心理宣泄的绝佳例证。在这些作品中，我们可以看到他们对自己内心世界的深刻洞察和情感的真实流露，这种情感的表达不仅是一种艺术创作的体现，也是一种心理疾病治疗与心理疗愈的重要途径。下述的一些知名的艺术家，他们的艺术创作与心理疾病有着密切的联系。

一、文森特·梵高（Vincent van Gogh）

梵高是一位后印象派画家，他在一生中经历了严重的抑郁症和其他心理疾病的困扰。他的作品表达了内心的痛苦和孤独，如《星夜》和《向日葵》等作品。尽管他的艺术才华被后人广泛认可，但在当时，他的作品却并未得到应有的认可与理解。梵高的作品充分表达了其内心的痛苦和孤独感，反映了他内心深处的矛盾和挣扎。

《星夜》是梵高最著名的作品之一，展现了他内心对宇宙的迷思和情感的涌动。在这幅作品中，梵高运用了夸张的笔触和鲜艳的色彩，描绘出对于夜空和星星的独特诠释，同时也暗示了他内心的孤独和彷徨。

而《向日葵》系列作品更是梵高艺术生涯中的代表之作，它们表现了他对生命和自然的热爱以及对美的追求。然而，这些作品也不乏忧郁和哀伤的色彩，暗示了他内心深处的痛苦和抑郁。

梵高的艺术创作不仅是一种表达，更是一种治疗和宣泄的方式。通过绘画，他将内心的痛苦和困扰转化为艺术，使得他得以借助艺术的力量来面对自己的内心世界。他的作品不仅影响了后世的艺术家，也让人们对心理健康问题更加关注。

二、爱德华·蒙克（Edvard Munch）

蒙克是挪威的一位杰出的象征主义和表现主义画家，他被誉为现代艺术的先驱之一。他的作品《呐喊》被视为现代艺术的经典之作，它以独特的形式和情感表达，深深地触动了观者的心灵。

蒙克的作品充满了孤独、焦虑和绝望的情感，这些情感反映了他的内心世界和心理状态。他经历了一系列家庭和个人的变故，包括童年时期母亲的早逝以及个人在生活中的情感挣扎和精神压力，这些经历深深地影响了他的艺术创作和心理状态。

《呐喊》作为蒙克最著名的作品之一，表现了他内心深处的痛苦和绝望。画面中的人物被一片血红的天空和扭曲的形态环绕着，呈现出一种极度的恐慌和绝望感。这幅作品不仅仅是对外界的一种控诉，更是蒙克对自己内心痛苦的真实表达，它深刻地反映了蒙克内心世界的复杂性。

蒙克通过他的艺术作品，将内心的痛苦和挣扎转化为了艺术的表达，这也让他得以从中获得一种解脱和宣泄。尽管他的作品充满了孤独和绝望的情感，但它们也传递了一种对人生的深刻思考和对美的追求，成为蒙克留下的永恒的艺术遗产。

三、草间弥生（Yayoi Kusama）

作为日本现当代艺术的重要代表人物，草间弥生以她独特的装置艺术和点彩画而闻名于世。然而，鲜为人知的是，她曾长期受心理疾病的困扰，包括精神分裂症和强迫症。

草间弥生在童年时期就开始出现幻觉和精神错乱，她描述称自己看到了“充满了点的世界”，这成为她后来作品中主要元素之一——点状图案。心理疾病伴随着她的整个艺术生涯，不想却成为她创作的动力和灵感来源。

在她的艺术作品中，草间弥生经常使用大量的点状图案，这些点似乎在作品中无限延伸，营造出一种奇幻的氛围。她的作品既是对内心世界的表达，也是对外界的探索，反映了她与心理疾病的长期斗争。

草间弥生通过艺术作品，向世人展示了她内心的世界。她的经历提醒我们，艺术不仅是一种美学的表达，更是一种情感和心理的宣泄口，它有助于个体的心理疗愈和成长。

四、保罗·高更（Paul Gauguin）

保罗·高更是一位法国后印象派画家，他的作品充满了异国情调和原始文化的元素。然而，他在生活中经历了多次精神疾病的困扰和情感变故，这些经历在他的作品中得到了深刻的反映，如《波尔图夫人》和《野蛮人的梦》等。

高更以其对异国情调和原始文化的迷恋而闻名于世。然而，他的生活并不像他的艺术作品那样神秘和浪漫，而是充满了精神疾病的困扰和情感动荡。

高更曾多次陷入生活困境、经历多次挑战，包括家庭破裂、经济拮据以及健康问题等。这些挑战导致他心理上的困扰和情感上的波折，进而影响了他的艺术创作。在他的作品中，可以看到他对内心世界的探索和对人生意义的思考，如《波尔图夫人》和《野蛮人的梦》等。

《波尔图夫人》是高更的一幅代表作，画面中描绘了一位孤独而神秘的南太平洋女性，她的面容和眼神中透露出一种深沉的内心世界的情感体验。而《野蛮人的梦》则展现了高更对于原始文化和自然的向往和追求，画面中充满了异国情调和神秘色彩。

高更的作品不仅仅是对外部世界的观察和描绘，更是对内心世界的抒发和反映。他通过艺术将自己内心的痛苦和挣扎转化为作品中的形象和意象，为观者呈现了一个充满了神秘感的艺术世界。高更的经历提醒我们，艺术不仅仅是一种表达，更是一种治愈和宣泄的方式，它有助于个体面对生活中的困境和挑战。

五、徐渭

作为中国明代杰出的文学家、书法家和画家，徐渭被誉为“泼墨大师”。然而，有史料记载，徐渭曾有过自杀未遂的经历。

据传记资料和史料记载，徐渭在一段时间内陷入了情感困扰和精神压力之中，这可能是由生活和艺术上的挑战、与他人的矛盾以及个人情感的波动所致。在这种情况下，徐渭曾经有过一次自杀未遂的经历。

徐渭的自杀未遂经历，反映了他内心世界的痛苦和挣扎。虽然他是一位杰出的艺术家，但他也是一个普通人，需要面对生活的挑战。他的自杀未遂经历也从侧面表明，心理问题是普遍存在的，任何人都可能受到影响，包括那些天赋异禀的艺术家。

尽管徐渭曾经历过自杀未遂，但他最终通过艺术创作和内心的自我调适，重新找到了生活的意义和动力。他的作品充满了对自然、人生和美的独特理解，为后人留下了宝贵的艺术遗产。徐渭的经历提醒我们，即使在最黑暗的时刻，也可以驱散阴霾，重新拾起生活的勇气和希望。

六、齐白石

齐白石是中国现代艺术史上的传奇人物，他以其独特的绘画风格和丰富的想象力而闻名于世。然而，他的一生并不乏坎坷，他经历了多次情感的波动和内心的挣扎，这些经历也在他的作品中得到了深刻的反映。

作为一位杰出的中国画家，齐白石的作品充满了生命力和想象力。他的代表作品《百草图》展现了他对自然界的独特诠释，画中草木花卉栩栩如生，充满了生机和活力。而《蓬壶图》则以其意境深远和笔墨精妙而著称，展现了对传统文化的理解和审美。

然而，齐白石的生活并不像他的作品那样光鲜和完美。他经历过家庭的变故、个人的挫折以及时代的动荡，这些都给他的内心带来了巨大的冲击。在这种情况下，他的作品常常反映出一种复杂的心理状态和情感体验，既有对美好事物的追求，也有对生活困境的思考。

齐白石的艺术创作不仅是一种表达，更是一种对生命和人生的反思。他通过艺术将自己内心的情感和挣扎转化为作品中的形象和意象，为观者呈现了一个充满了生命力且容易产生情感共鸣的艺术世界。他的作品不仅在艺术上具有重要意义，也为人们提供了对生活的启示和思考。

以上介绍的艺术家们展示了心理疾病与艺术疗愈之间的深刻关联。他们在生活中经历了各种心理困扰和情感挣扎，但通过艺术创作找到了一种对抗和宣泄的途径。梵高、蒙克、高更等艺术家，都在其作品中表达了内心的孤独、焦虑、绝望等情感，这些作品不仅是对外部世界的表达，更是对内心世界的探索和宣泄。通过艺术的表达，他们将心理疾病带来的负面情绪转化为艺术作品中的形象和意象，达到了一种心理疏导和情感宣泄的目标。这些案例彰显了艺术在心理疾病治疗和心理健康维护中的重要作用，为艺术疗愈的实践提供了有力的支持，同时也启示人们，艺术创作不仅是一种表达，更是一种治愈和宣泄的力量，有助于个体面对生活中的困境和挑战。

第六节　有效的艺术疗愈实施方法

确定艺术疗愈对患者是否真正有效需要综合考虑心理学专业知识和艺术疗愈专业技术。在这一过程中，艺术疗愈师需要对患者的心理状况、个性特点以及治疗目标进行全面评估，并通过心理学的方法和工具来深入了解。同时，艺术疗愈的实施需要专业的艺术技术和知识，以选择适当的艺术媒介和设计个性化的治疗方案。综合考虑心理学和艺术疗愈的专业领域，可以更有效地为患者提供个性化、专业化的治疗服务，促进其心理健康和个人成长。

首先，我们需要进行全面的心理评估，包括对患者的心理状况、个性特点、过去的经历以及当前的困扰等进行深入了解。通过临床面试、心理测试和观察，我们可以获取患者的全部信息，这是确定治疗方向和选择适合的艺术媒介的重要基础。其次，我们与患者共同制订治疗目标。这些目标应该是具体的、可衡量的，并与患者的个人需求和治疗目的相一致的。通过与患者的沟通和协商，我们可以确保治疗的可行性和可接受性，从而为艺术疗愈的实施奠定基础。接下来，根据患者的个性特点、需求和目标，我们选择适合的艺术媒介。不同的艺术形式具有不同的作用机制和治疗效果，因此我们需要根据患者的情况和需求，选择最适合的媒介进行治疗。这可能涉及绘画、音乐、舞蹈、写作等多种形式的艺术表达，以满足患者的个性化需求。在治疗计划制订阶段，我们需要考虑治疗的频率、持续时间和具体的治疗内容。通过与患者的交流和协商，我们可以设计个性化的治疗方案，确保治疗过程的有效性和可持续性。在治疗过程中，我们持续监督和评估患者的情况。通过定期与患者进行交流，了解他们的体验和反馈，我们可以及时调整治疗方案，确保治疗的有效性和持续性。最后，在艺术疗愈结束时，我们对治疗效果进行全面评估和总结。通过与患者一起回顾治疗过程，评估治疗的效果，我们可以为患者提供专业的建议和支持，帮助他们实现心理健康和个人成长。

那些没有经济来源的大学生或者那些无法获得专业评估和支持、但希望通过艺术疗愈来缓解压力和情绪困扰的个体，仍然可以积极采取一些方法来进行有效的自我艺术疗愈。艺术疗愈作为一种自我探索和情感表达的工具，可以为个体提供一个私密、极具创造性的空间，让他们在艺术创作中寻求心灵的安慰和治愈。尽管缺乏专业指导，但通过结合心理学原理和艺术疗愈技巧，个体可以自主地探索自己的内心世界，释放情感，实现自我成长和心理调适的目的。

一、有效的自我艺术疗愈的原则

对于那些希望通过自我艺术疗愈来缓解压力和情绪困扰的个体，在进行有效的自我艺术疗愈时应遵循以下原则。

自我意识和情绪监测：艺术疗愈的第一步是培养自我意识和情绪监测能力。个体可以通过记日记、情绪日志或者自我反思等方式，了解自己的情绪状态和内在体验。例如，通过写日记来记录自己的情绪波动和内心感受，以此作为艺术疗愈的起点。

选择适合的艺术媒介：自我艺术疗愈的关键是选择适合自己的艺术媒介。个体可以尝试不同的艺术形式，如绘画、音乐、舞蹈、手工制作等，找到最能够表达自己情感和释放压力的方式。例如，通过绘画来表达情感更加自然和有效。

创造性表达和放松：自我艺术疗愈强调创造性表达和放松。个体可以在创作过程中尝试不受约束地表达自己的情感和想法，而不必担心外界评判。例如，通过创作来放松身心，表达内心的情感和愿望。

自我反思和成长：自我艺术疗愈也可以成为个体自我反思和成长的平台。个体可以通过审视自己的艺术作品，探索内在的意义和价值，从而实现个人成长和发展。例如，通过观察自己的绘画作品来深入了解自己的情感和需求，从而找到解决问题的途径。

寻求社区支持和反馈：虽然自我艺术疗愈是个体自主进行的，但寻求社区支持和反馈也是有益的。个体可以与志同道合的人分享自己的艺术作品，获得支持和鼓励，并从他人的反馈中获得启发和帮助。例如，通过在线社区、社交平台或者艺术小组与他人分享自己的创作，得到他人的认可和鼓励。

二、有效的自我艺术疗愈方法

同时，自我艺术疗愈作为一种强大的自我探索和情感表达工具，可以帮助个体通过艺术创作来释放内心的压力和情绪困扰，实现心理健康和情感调适的目的。在这个过程中，许多有效的方法可以帮助个体实现自我疗愈的目的。

梦境绘画：梦境绘画是一种通过绘画来表达梦境和内在意象的方法。个体可以在清醒状态下绘制自己的梦境或者梦中的景象，以此来探索梦境中隐藏的象征意义，深入探索个体的内心世界和潜意识。通过绘画梦境或者内在意象，个体可以激发大脑皮层的活动，促使大脑产生一系列与现实世界不同的神经传递，从而引发情感和情绪的释放。这种情感的释放有助于调节大脑神经递质的平衡，减轻焦虑和抑郁等心理疾病的症状。

曼陀罗绘画：曼陀罗绘画是一种传统的艺术形式，通过绘制几何图案和符号来表达内在的秩序和平衡。个体可以通过绘制曼陀罗图案，沉浸于艺术创作之中，感受到内心的宁静和平衡，从而调节大脑皮层的活动，促进大脑神经递质的平衡，缓解压力和焦虑，达到治疗心理疾病的目的。

色彩绘画：色彩绘画是一种通过色彩来表达情感和内在体验的方法。个体可以选择不同的色彩和色彩组合，以此来表达自己的情感状态和内心感受。通过调整和运用色彩，触发大脑皮层的活动，促进神经递质的释放，不同的色彩和色彩组合可以影响大脑的感知和情绪，从而实现情绪调节和心理平衡的目的。

自然元素绘画：自然元素绘画是一种通过绘制自然界的景象和元素来表达内心的情感和感受的方法。个体可以绘制树木、花草、水流等自然景观，或者绘制天空、星星、月亮等自然元素，以此来与自然界建立情感联系。这种艺术形式可以使个体与自然界建立情感联系，触发大脑皮层的活动，促使大脑处于愉悦和放松的状态之中，从而缓解压力和焦虑。

抽象表达绘画：抽象表达绘画是一种通过抽象形式和符号来表达内心情感和感受的方法。个体可以自由地涂鸦、涂抹、创造出抽象的图案和形状。个体可以通过自由绘制抽象的图案和形状来释放内心的压力和紧张，实现心理放松和情绪调节的目的。这种方法可以影响大脑皮层的活动，调节神经递质的释放，从而缓解焦虑和抑郁等消极情绪。

这些艺术疗愈方法的关键在于通过绘画来释放内心深处的情感，并引发大脑和身体的积极反应，从而达到自我疗愈的目的。在艺术创作的过程中，个体倾注自己的情感和内在体验，通过绘画的形式将其表达出来。这种情感的释放和表达不仅有助于个体认识自己的情绪和感受，还可以促使大脑进入一种放松和平静的状态，从而缓解压力和焦虑。

第七节　发自内心的绘画——儿童内在绘画的心理学解读

一、内在绘画的科学性

在艺术疗愈中，内在绘画这种发自内心的绘画被视为一种重要的自由形式，其有效性可以通过多个科学角度来印证。首先，心理学家认为，内在绘画可以帮助个体表达和处理潜意识中的情感和体验。根据弗洛伊德的理论，人类心灵深处存在着潜意识，其中包含着被压抑的欲望和情感。通过绘画，个体可以将这些潜意识内容转化为可视的形式，从而更好地理解和处理这些情感和欲望。

其次，神经科学研究表明，艺术活动可以影响大脑的神经环路，从而产生治疗效果。例如，参与艺术活动可以促进大脑中与情感处理相关的区域的活跃，增强情感调节能力。此外，艺术活动还可以促进大脑中与创造性思维相关的区域的活跃，从而帮助个体更好地认识和表达内心情感和体验。

最后，艺术疗愈实践的观察数据也支持内在绘画的治疗效果。许多艺术疗愈师和临床心理学家发现，通过参与发自内心的绘画，个体可以释放压抑的情感，减轻焦虑和抑郁情绪，提高自我意识和情绪调节能力。这些观察结果进一步证实了内在绘画作为一种有效的艺术疗愈形式的重要性。

因此，从心理学、神经科学和临床实践的角度来看，内在绘画作为一种自由形式的艺术活动，在艺术疗愈中发挥着重要作用，帮助个体表达和处理内在的情感和体验，促进心理康复和自我认知。

二、什么是儿童内在绘画

在心理学中，绘画是研究儿童心理发展的重要领域之一。儿童的绘画发展经历了多个阶段，从最初的简单涂鸦到逐渐有意识地表现特定对象和场景。儿童开始展现绘画意识的年龄大约在2—4岁。在这个阶段，他们开始有意识地使用颜色、形状和线条来表达自己的想法和感受。这个阶段的绘画内容通常是关于自己和家庭成员的简单描绘，反映了他们对周围世界的感知和理解。一般儿童在初级绘画中的表现通常被认为是发自内心的。这种绘画方式反映了他们内在世界的感受和想法，展现了他们对周围环境和经历的理解和表达。儿童的绘画作品可以被看作是一种无声的语言，通过绘画，他们可以表达情感、展示想象力、展示对生活的认知和体验。在初级阶段的绘画中，儿童常常会绘制一些具象的事物，如家庭、动物、植物等，这些作品可以反映他们的日常生活、家庭环境和周围世界对他们的影响。此外，儿童的绘画作品也可以表达他们的情感状态，如快乐、悲伤、愤怒等，帮助他们表达内心的感受和情感需求。通过观察和分析儿童的绘画作品，我们可以了解他们的内在世界，帮助他们理解和处理情感，促进他们的心理成长和发展。因此，儿童的内在绘画在心理学和教育学中具有重要的研究和应用价值。

7岁儿童绘画表现的宠物猫

三、儿童内在绘画的心理解读

儿童的绘画作品可以被视为他们内在世界的反映，揭示了他们的情感、思维和心理发展。以下案例通过翔实的描述和心理学解读，探讨了儿童内在绘画的特点和意义。

（一）案例描述1

一个7岁的男孩小强，最近他的绘画作品引起了教师和家长的注意。在课堂上，他经常选择绘制大海和海豚，画面充满了活力。然而，仔细观察可以发现，他的画中海豚总是在单独游泳，周围没有其他人或者动物。

心理学解读：

这幅画反映了小强内心的某种情感或者体验。海豚通常被认为是友好和聪明的动物，代表着他希望拥有的特质或者是他与海豚的情感共鸣。然而，画面中缺少其他人或者动物，暗示着他在人际关系方面的困扰或者孤独感。

此外，海洋是一个广阔而神秘的空间，代表着小明对未知世界的探索和好奇心。他选择描绘海洋场景，表达了他对探索和冒险的渴望。

综合来看，这幅绘画作品反映了小强内心世界的复杂性和丰富性。通过绘画，他表达了自己的情感和想法，同时也展现了他对世界的独特理解和感知。对于教师和家长来说，理解和关注他的绘画作品可以帮助他们更好地了解他的内心世界，并提供适当的支持和指导。

（二）案例描述2

一个8岁的女孩小红，她最近在学校绘画课上创作了一幅作品，画中有一间房子，房子的窗户和门都是关闭的，周围是一个花园，但花园里没有花朵，只有几棵树。整幅画的色调比较暗淡，没有明亮的颜色。

心理学解读：

这幅画可能反映了小红内心某种情感或者体验。房子关闭的窗户和门可能暗示着她的内向和封闭，表达了她与外界的某种隔阂或者自身感受到的不安全感。花园里没有花朵，暗示着她对生活的某种失望或者缺乏希望。

整幅画色调暗淡，缺乏明亮的颜色，反映了她情绪的低落或者沮丧。树木是孤立的，代表着她在社交方面的困扰或者孤独感。整体来看，这幅画是小红对自己内心世界的一种表达，反映了她的情感状态和心理需求。

通过这个案例，我们可以看到儿童绘画作品背后潜藏的情感和心理需求。了解和关注儿童的绘画作品可以帮助我们更好地了解他们的内心世界，及时发现并解决他们可能存在的心理问题。

（三）案例描述3

一个7岁的孤独症男孩小明，在学校的绘画课上创作了一幅作品。画中是一个孤独的人形，没有明确的面部特征，周围是一片黑暗的背景，没有其他元素。人形的姿势看起来有些僵硬，没有表现出活力或者生气。

心理学解读：

这幅画反映了小明内心深处的孤独和隔绝感。人形缺乏面部特征暗示着他在理解和表达情感方面具有困难，这是孤独症儿童常见的特征之一。黑暗的背景代表着他对世界所感受到的不确定性和恐惧感。

人形姿势的僵硬反映了他在社交互动中的困难，以及对自己和他人之间距离的理解上的问题。整体来看，这幅画是小明对自己内心世界的一种表达，反映了他在情感和社交方面的困扰和挣扎。

通过这个案例，我们可以看到孤独症儿童绘画作品中所蕴含的复杂心理状态。理解这些作品可以帮助我们更好地支持和照顾孤独症儿童，促进他们的心理健康和社交能力的发展。

（四）案例描述4

一个9岁的抽动症女孩小婷，在绘画课上创作了一幅作品。画的是一个抽象的图案，由许多重复的线条和图形组成，看起来杂乱无章。画中所用的色彩大多是红色和黑色，给人一种紧张和不安的感觉。

心理学解读：

这幅画反映了小红内心的焦虑和紧张。抽动症常常伴随着焦虑和紧张的情绪，这在作品中得到了体现。重复的线条和图形代表着她内心的冲动和无法控制的感觉，这与抽动症的症状相关。红色和黑色的运用表达了她内心的混乱和困扰。

整体来看，这幅画是小红对自己内心状态的一种表达，反映了她在抽动症影响下的心理体验。通过绘画，她试图释放内心的紧张和焦虑，寻找表达情感的出口。

这个案例显示了抽动症儿童绘画作品中所体现的心理状态，强调了艺术疗愈在帮助他们认识和应对自己情绪方面的重要性。通过了解这些作品背后所体现的情绪内容，我们可以更好地帮助抽动症儿童维持心理健康和发展情绪调节能力。

（五）案例描述5

一个8岁的行为暴力男孩小壮，在绘画课上画了一幅作品。画的是一个男孩的形象，面部表情扭曲，双手握拳，头顶上冒着愤怒的气泡。背景是乌云密布的天空和破碎的建筑物，给人一种压抑和不安的感觉。

心理学解读：

这幅画反映了小壮内心的愤怒和挫折感。男孩形象的扭曲和握拳动作暗示着他内心的冲突和愤怒。愤怒的气泡代表着他内心积压的情绪，表现出他无法有效地表达或者处理愤怒的感受。乌云密布的天空和破碎的建筑物则反映了他内心的不安和混乱，以及对周围环境的不满和反抗。

整体来看，这幅画是小壮对自己内心状态的一种表达，反映了他在暴力行为中所经历的心理体验。通过绘画，他试图表达和释放内心的愤怒和挫折感，寻找情绪的出口。

这个案例显示了行为暴力儿童绘画作品中所体现的心理状态，强调了艺术疗愈在帮助他们认识和应对自己情绪方面的重要性。通过理解这些作品背后的情绪内容，我们可以更好地帮助行为暴力儿童发展情绪调节能力。

四、内在绘画的方法

内在绘画即发自内心的绘画，在心理疾病治疗和心理健康维护中具有重要意义。首先，绘画是一种非语言的表达方式，可以帮助个体表达那些难以用语言表达的情感和体验，尤其对于那些在情感表达上存在困难的人群具有特殊的意义。通过绘画，个体可以将内在的情感和体验可视化，不仅可以帮助他们更好地认识自己，还可以帮助治疗师更好地了解个体的内心世界，从而进行更有效的干预和治疗。其次，内在绘画可以帮助个体释放压抑的情感和冲突，缓解心理压力。在绘画过程中，个体可以将内心深处的负面情绪和体验转化为艺术作品，从而增强心理的调节能力，减轻负面情绪的影响。此外，内在绘画也可以帮助个体建立自信心，提高自我认知和自我接纳能力，促进个体的心理成长和发展。

因此，引导个体进行内在绘画在心理治疗中具有重要意义。治疗师可以通过提供支持性的环境、启发性的主题和积极的反馈，帮助个体更好地发掘内心深处的情感和体验，从而促进其心理健康和成长。

（一）如何鼓励有心理疾病的患者进行内在绘画

1. 创造安全的环境

提供一个安全、支持性强的环境，让患者感到放松和舒适，有助于他们更自由地表达内心世界。

创造安全环境是艺术疗愈的关键步骤之一。这个环境的安全不仅仅是指物理空间的安全性，更重要的是指心理上的安全感。在这样的环境中，患者感到放松和舒适，可以更自由地表达内在世界。

首先，提供一个安静、私密的空间是创造安全环境的基础。这种空间应该远离外界干扰，让患者感到可以放松和专注于艺术创作。良好的灯光和舒适的座位也是必不可少的，可以让患者感到身心舒适，有利于创作。其次，治疗师的支持和理解也是创造安全环境的关键。治疗师应该表现出真诚的关怀和尊重，让患者感到被接纳和理解。他们应该倾听患者的需求和感受，给予积极的反馈和支持，让患者感到在这个环境中可以自由地表达自己的内心世界。另外，良好的治疗计划和目标也是创造安全环境的重要组成部分。治疗师应该和患者一起制订明确的治疗目标和计划，让患者知道他们治疗的方向和进展。这可以让患者感到有安全感，知道自己在一个受控的环境中进行治疗。

2. 提供绘画材料

提供各种绘画工具和材料不仅可以让患者自由选择和尝试，还可以激发他们的创造力。在艺术疗愈中，选择适合的绘画工具和材料对于患者的情绪表达和治疗效果至关重要。例如，柔软的画笔和丰富的颜料可以帮助患者表达内心深处的情感，而粗糙的画笔和纹理明显的纸张则可以帮助患者更直接地表达内心的冲突和压力。

同时，丰富的绘画工具和材料有助于患者在治疗中获得更多的乐趣和满足感。不同类型的颜料、纸张和画笔可以让患者尝试不同的绘画技巧和风格，从而丰富他们的创造力和艺术表达方式。此外，丰富的绘画材料还可以增加患者在治疗过程中的参与感和探索欲望，帮助他们更好地认识自己的情感和内在世界。

在选择绘画材料时，需要根据患者的个体需求和治疗目标来进行。一些患者喜欢用颜料大胆地涂抹，表达内心的愤怒和挣扎；而另一些患者更喜欢用细腻的线条和色彩来描绘自己的情感和体验。因此，在提供绘画材料时，需要根据患者的个性和治疗目标来选择适合的工具和材料，以最大限度地促进他们的治疗效果。

（二）强调过程而非结果

鼓励患者专注于绘画的过程，而不是最终作品的表现；重视他们在创作过程中的体验和情感表达。

1. 提供支持和理解

倾听患者的感受和想法，给予他们理解和支持，让他们感受到被关注和被理解。

2. 鼓励自我表达

鼓励患者表达自己的情感、想法和体验，让他们感受到自己和自己的想法是被接纳和重视的。

鼓励患者自我表达在艺术疗愈中起着至关重要的作用。通过表达情感、想法和体验，患者能够更好地认识自己的内在世界，找到情感的出口，从而减轻心理压力并促进心理健康。

在艺术疗愈中，治疗师通常会通过开放式的提问、倾听和肯定来鼓励患者进行自我表达。例如，当患者完成一幅作品时，治疗师可以询问患者作品背后的故事或者情感，以帮助患者更深入地了解自己的创作意图和内在感受。治疗师还可以通过肯定患者的作品和表达方式，让患者感受到自己是被接纳和重视的，从而增强患者的自信心和自我认知。

通过鼓励自我表达，患者能够建立起更健康、更积极的自我认知，增强对生活的控制感和应对压力的能力。同时，艺术创作也可以成为患者与治疗师之间沟通的桥梁，帮助患者更好地表达自己的需求和情感，以确保治疗的进展和效果。

（三）提供正面反馈

提供正面反馈在艺术疗愈中是至关重要的。给予患者作品积极的反馈和肯定，可以增强他们的自信心和自我认知，确保治疗的进展和效果。

在给予正面反馈时，治疗师可以针对患者作品的特点和创意进行评价，表达对患者创作能力和表达方式的认可。例如，当治疗师认为患者的作品表达了深刻的情感或者独特的想法时，可以直接告诉患者他们的作品给予治疗师深刻的启示或者触动，让患者意识到自己的创作价值和作品的独特性。

此外，治疗师还可以通过正面反馈来鼓励患者继续探索和尝试新的艺术表达方式。例如，当患者尝试了一种新的绘画技巧或者材料时，治疗师可以肯定患者的探索精神和创新意识，鼓励其继续尝试新的创作方式。

通过提供正面反馈，治疗师可以帮助患者建立起积极的自我形象和自我认知，增强自信心和自我认同感。这不仅有助于患者更好地应对心理问题和挑战，还可以提升他们的生活质量和幸福感。

（四）理论依据

根据心理学理论，绘画可以作为一种非语言的表达方式，帮助患者表达和处理内心的情感和体验。绘画可以促进情感的释放和情绪的调节，有助于患者更好地理解自己的情感状态。

此外，绘画也可以提供一种放松和舒缓的方式，帮助患者缓解心理压力和焦虑情绪。在绘画过程中，患者可以专注于画作上的线条和色彩，将注意力从外界转向内在体验，从而减轻焦虑和压力。这种专注的状态类似于冥想，可以帮助患者放松身心，体验到一种内在的平静和安宁。

绘画还可以帮助患者更好地理解自己的情感状态。通过观察和分析自己的绘画作品，患者可以感受到自己内心深处的感受和需求，从而加深对自己的认识和理解。这种自我认识的提升有助于患者更好地应对心理上的挑战，树立和建立起积极的自我形象和自我认知。

因此，根据心理学理论，绘画在艺术疗愈中被认为是一种有效的治疗方式，可以帮助患者表达和处理内心的情感和体验，缓解心理压力和焦虑，以及提升自我认知和情感调节能力。

内在绘画是一种可以帮助个体表达内在情感和体验的重要方式。心理学家认为，引导内在绘画的过程可以通过以下方式进行：

1. 情感表达与情绪调节

绘画可以帮助个体表达和认识自己的情感，尤其是那些难以用语言表达的复杂情绪。通过绘画，个体可以将内心的痛苦、愤怒或者悲伤等情感可视化，有助于情绪的释放和调节。

要从心理学角度引导内在绘画，实现情感表达与情绪调节，我们可以采取以下方法。

建立信任关系：作为心理咨询师和艺术疗愈师，首先要与患者建立良好的信任关系。这样可以帮助患者感到安全和舒适，更容易敞开心扉进行情感表达。

倾听和了解：在绘画过程中，要倾听患者的心声，了解他们想要表达的情感和内心体验。通过倾听和了解，可以更好地指导患者在绘画中表达真实的情感。

提供支持和鼓励：在患者绘画时，要给予积极的支持和鼓励。这样可以增强患者的自信心，让他们更勇敢地表达内心深处的情感。

引导情感表达：通过艺术作品，患者可以表达各种情感，包括愤怒、悲伤、恐惧等。艺术疗愈师可以通过对绘画内容、色彩和形式等的分析，帮助患者更深入地了解自己的情感，并找到适合的方式进行表达。

情绪调节和释放：绘画不仅可以帮助患者表达情感，还可以帮助他们调节情绪。通过绘画，患者可以将内心的压力和负面情绪转化为艺术作品，从而减轻心理压力，实现消极情绪的释放和调节。

因此，从心理学角度引导内在绘画，实现情感表达与情绪调节，需要通过建立信任关系、倾听了解、提供支持鼓励等方式，引导客户在绘画中表达真实的情感，并通过艺术作品实现情绪的调节和释放。

2. 表达情感和减轻压力

艺术疗愈提供了一个安全的环境，让个体可以自由地表达内心的情感和压力。通过绘画等形式的艺术表达，个体可以将内心深处的情感转化为可视化的作品，从而减轻心理压力和焦虑。

为了从心理学角度引导内在绘画，实现表达情感和减轻压力的目的，我们可以从以下几个方面来详细说明。

了解内心需求和情感表达：艺术疗愈师需要建立信任关系，了解个体的内心需求和情感状态。通过与患者建立良好的沟通和理解，帮助他们意识到情感表达对心理健康的重要性。

提供安全和支持：在艺术疗愈过程中，创造一个安全的环境、提供必要的支持对于个体自由表达内心感受至关重要。这样的环境可以让个体感到放松和舒适，从而更容易表达真实的情感。

引导自我探索和表达：艺术疗愈师可以通过提供各种艺术媒介和技术，引导患者进行自我探索和表达。例如，使用内在绘画的形式，帮助患者表达内心深处的情感和体验。

探索潜意识和心理过程：通过观察患者的艺术作品，艺术疗愈师可以了解个体的潜意识和心理过程。这有助于患者更深入地了解自己的情感和行为，并通过艺术作品来寻找解决心理问题的途径。

促进情感释放和情绪管理：艺术疗愈可以帮助患者释放压抑的情感，并使其学会有效地管理情绪。通过内在绘画的艺术作品，患者可以更好地表达愤怒、恐惧、悲伤等情绪，从而减少内心的压力和负面情绪的产生。

因此，艺术疗愈通过引导内在绘画，帮助患者表达情感和减少压力，重在倾听、理解和支持个体，让他们在艺术创作中寻找到自我认知和情感释放的途径。

3. 增强自我意识和自我表达能力

艺术疗愈可以帮助患者更好地了解自己的内在世界，提高自我意识和自我理解水平。通过艺术表达，患者可以探索自己的思想、感受和经历，从而更好地认识自己。

要从心理学角度引导内在绘画，实现增强自我意识和自我表达能力的目的，我们可以采取以下方法。

倾听内心声音：通过内在绘画，患者可以更直观地表达内心感受和想法。作为心理咨询师和艺术疗愈师，我们要鼓励患者倾听内心声音，用画笔表达出来。

观察和分析作品：艺术作品是患者内心世界的反映。我们可以通过观察和分析作品，帮助患者了解自己的情感、需要和价值观，从而增强自我意识。

探索自我身份：绘画可以帮助患者探索自己的身份和角色。通过内在绘画，患者可以表达自己在社会和家庭中的位置，以及对自己的认知和理解。

促进情感表达：艺术作品是一种情感的表达方式。通过内在绘画，患者可以更直接地表达内心的情感，从而增强情感表达能力。

提升自我接受度和自我表达能力：艺术疗愈可以帮助患者接受自己的情感和经历，并用艺术作品表达出来。通过内在绘画，患者可以提升自我接受度和自我表达能力。

因此，从心理学角度引导内在绘画，实现增强自我意识和自我表达能力，需要通过倾听、观察、分析和引导等方式，帮助患者更好地理解自己，表达自己，从而实现个人成长和发展。

4. 促进心理康复和自我成长

艺术疗愈可以帮助患者处理心理创伤和挫折，促进心理康复和自我成长。通过艺术表达，患者可以将内心深处的创伤和痛苦转化为创造性的活动，从而促进心理的康复。

为了促进心理康复和自我成长，我们可以采取以下方法。

建立安全环境：在心理咨询和艺术疗愈过程中，首要任务是建立安全、支持的环境，让患者感到被理解和被接受。这种环境有助于患者敞开心扉，表达内心的真实感受。

探索内在世界：通过内在绘画，患者可以深入探索个人的内在世界，了解自己的情感、需求和挑战。心理咨询师和艺术疗愈师可以引导患者在艺术作品中发现自己的潜能。

促进情感表达：艺术作为一种非语言的表达方式，可以帮助个体更直接地表达情感。通过绘画等艺术形式，患者可以释放压抑的情感，减轻心理负担。

增强应对能力：艺术疗愈可以帮助患者学会更健康、更有效地应对生活中的挑战和压力。通过内在绘画，患者可以培养自我反思和解决问题的能力。

鼓励自我探索和成长：艺术疗愈不仅可以帮助患者认清自己，还可以促进自我探索和成长。通过内在绘画，患者可以发现新的视角和生活意义，实现自我认知和自我实现。

5. 提升生活质量和幸福感

艺术疗愈可以提升患者的生活质量和幸福感。通过内在绘画，患者可以享受到创造的乐趣和成就感，从而提升心理健康水平和生活质量。

要实现提升生活质量和幸福感的目的，我们可以采取以下方法。

情感释放与调节：通过内在绘画，患者可以释放自己的负面情绪，如焦虑、压力、愤怒等，从而减轻心理负担，提升心理健康水平。

自我认知与成长：艺术疗愈可以帮助患者更深入地了解自己的需求、

价值观和潜能，促进自我认知和成长，从而提升对生活的掌控感和幸福感。

建立积极情感和心态：通过内在绘画，患者可以表达和强化积极情感，如爱、喜悦、希望等，培养积极心态，提升幸福感和生活满意度。

增强处理人际关系能力：艺术疗愈可以促进患者与他人之间的沟通和理解，增强社交能力，是幸福感的重要来源之一。

培养自身应对压力的能力：通过艺术疗愈，患者可以学会更有效地应对生活中的挑战和压力，提升应对压力的能力，从而减少负面情绪给幸福感带来的不利影响。

因此，通过心理咨询和艺术疗愈，患者可以释放和调节情感，强化自我认知和成长，建立积极的情感和心态，增强社交和处理人际关系的能力，培养自身应对压力的能力，从而实现提升生活质量和幸福感的目的。

6. 改善人际关系和社交能力

艺术疗愈可以帮助患者改善人际关系和社交能力。通过内在绘画，患者可以与他人建立起共鸣和情感联系，从而改善人际关系和社交能力。

要实现改善人际关系和社交能力，我们可以采取以下方法：

提升情绪认知：通过艺术疗愈，患者可以更好地认识和了解自己的情绪，从而更好地控制情绪并适当表达。这有助于改善与他人的互动，减少冲突和误会。

培养同理心和理解他人：通过内在绘画，患者可以更深入地了解他人的感受和经历，从而增强同理心和理解能力。这对于建立良好的人际关系至关重要。

提高自我表达能力：艺术疗愈可以帮助患者提高自我表达能力水平，从而更清晰地表达自己的想法和感受。这有助于改善与他人的沟通，减少误会和冲突。

培养合作意识和团队精神：通过艺术合作，患者可以学会合作、分享和支持他人，从而培养合作意识和团队精神。这对于改善团队合作能力和社交能力非常重要。

增强自信心和自我价值感：艺术疗愈可以帮助患者发现自己的潜力和价值，从而增强自信心和自我价值感。这有助于改善人际关系，使患者更有魅力和吸引力。

综上所述，内在绘画之所以有效，是因为它提供了一个独特的途径，让患者可以以绘画的形式来处理情感问题、改善心理健康、提升生活质量。通过内在绘画，患者可以探索自己的内心世界，找到心理平衡，从而实现心理康复和自我成长。

第八节　荣格的曼陀罗式艺术疗愈

卡尔·古斯塔夫·荣格（Carl Gustav Jung）是瑞士的精神分析学家和心理学家，也是心理学史上最重要的人物之一。他是弗洛伊德的同事和朋友，但也因在一些关键问题上持不同见解而与之分道扬镳。

一、荣格对心理学的贡献

荣格的独特贡献之一是他对潜意识的深入研究和理论构建。他提出了个体心理结构中的集体无意识概念，认为个体心理不仅受到个人经验的影响，还受到集体无意识的影响，这种影响源于人类共同的历史和文化经验。荣格强调了潜意识在个体心理生活中的重要性，以及它在梦境、神话和宗教符号中的表达。荣格的另一个重要贡献是他的心理类型理论。他将人类的认知方式分为四种心理类型：思维、感觉、情感和直觉。他认为每个人都有自己的心理类型倾向。这一理论对后来的心理学和人格研究产生了深远影响，被广泛运用于心理测评和人际关系研究中。

卡尔·古斯塔夫·荣格

（一）个体心理学

个体心理学是荣格在心理学领域开创的一个重要分支，其理论着重关注个体内心世界的动态和影响因素。荣格认为，个体心理学的核心是深入探索个体的潜意识和集体无意识，这些层面的影响对个体的行为、情感和认知产生深远的影响。在个体心理学的观点中，个体不仅受到个人经历和生活的影响，还受到一个更深层次的集体无意识的影响，这种影响超越了个体的个人经历，涉及整个人类群体的共同心理结构和情感体验。荣格认为，个体心理学的研究应该更加关注潜意识和集体无意识的内容和影响。潜意识是个体内部的一种无意识的心理层面，存储着个体的经历、情感和动机，对个体的意识和行为产生潜移默化的影响。而集体无意识则是荣格提出的一个更加广泛而深奥的概念，代表了人类共有的心理结构和体验，超越个人的心理层面。荣格认为，个体的心理问题和冲突往往不仅仅源于个人的经历和生活，更多的是受到了潜意识和集体无意识影响的结果，因此在心理治疗和个人发展过程中，应该更加重视这些深层次的心理因素。

个体心理学的理论观点为心理学领域提供了一个全新的视角，强调了个体内部心理结构的复杂性和多样性。荣格的理论为研究者和临床工作者提供了一个更加丰富和深入的理解框架，有助于解释个体的心理问题和行为现象，促进个体的心理健康和成长。因此，个体心理学作为荣格心理学的一个重要分支，对于心理学的发展具有重要意义。

（二）潜意识和复杂心理结构

荣格提出了“集体无意识”的概念，并且认为在集体无意识中存在着被他称为“原型”的普遍性心理结构。这些原型是人类共有的心理图式，深植于每个人的潜意识中，跨越文化和时间的界限，对个体的行为和体验具有深远的影响。

荣格认为，原型是一种先天存在于人类心灵中的模式，通过梦境、神话、宗教和艺术等形式表现出来。例如，“母亲”原型象征着母爱、滋养和保护，“英雄”原型代表着勇气、冒险和自我牺牲，而“影子”原型则象征着人类内心中的黑暗面和未被接受的部分。原型不仅影响个人的心理发展和人格结构，还在集体文化和社会行为中发挥关键作用。荣格的原型理论强调了人类心理的深层结构，帮助解释了为何不同文化中的神话和故事会有类似的主题和人物形象。这种普遍性揭示了人类共有的心理基础，也为理解个人和集体的心理动力提供了理论基础。通过探索和理解这些原型，人们可以更深入地认识自我，处理内心的冲突，并与他人建立更深层次的联结。

（三）心理类型理论

荣格的心理类型理论是他在心理学领域中最为知名的理论之一，对于个体的认知和行为方式进行了深入的分类和分析。该理论基于荣格对个体心理结构的独特理解，将人们的认知偏好划分为四个主要维度：思维（Thinking）、情感（Feeling）、感觉（Sensing）和直觉（Intuition）。这些维度反映了个体在感知、思考和决策过程中的不同偏好和倾向，每个人在这些维度上都有自己的特点和优势。思维维度强调个体对于逻辑、分析和原则的偏好，有这类认知偏好的人喜欢通过理性思考来解决问题和做出决策。情感维度则突出了个体对于情感、价值观和人际关系的关注，有这类认知偏好的人更加倾向于以情感为导向进行决策和行动。感觉维度着重于个体对于具体细节和实际经验的关注，有这类认知偏好的人偏好于通过感官信息来理解和把握现实世界。而直觉维度则强调个体对于未来可能性和抽象概念的关注，有这类认知偏好的人更倾向于通过直觉和洞察力来了解事物的本质和发展趋势。

荣格认为，每个人在这四个维度上都会表现出不同程度的偏好和倾向，从而形成自己独特的心理类型。而在实际生活中，个体的心理类型会对其行为、职业选择、人际关系等方面产生深远影响。荣格的心理类型理论为个体提供了一个更坚实的自我认知和发展的基础，有助于个体认识自己的心理特点和倾向，更好地应对生活中的挑战和机遇。

总体来说，荣格的心理类型理论为心理学提供了一个重要的理论基础，强调了个体认知和行为方式的多样性和复杂性。该理论不仅对心理学研究具有重要意义，也为个体的自我认知和发展提供了有益的启示和指导。

（四）梦境解析

荣格对梦境的解析是其心理学理论的重要组成部分，他将梦境视为潜意识的表达和心理平衡的一种方式，这一观点在心理学领域具有重要意义。荣格认为，梦境是个体内在冲突和需求的象征性表达，是一个自我调节和治疗的过程，通过解析梦境可以深入探索个体的内在世界，揭示个体潜意识中隐藏的动机和情感，是个体心理平衡和整合的一种方式。梦境中出现的图像、符号和情节反映了个体内心的冲突、欲望和需求，对梦境的解析可以帮助个体了解和处理这些内在的心理问题。例如，一个人可能反复梦到相似的情节或者画面，这可能暗示着个体内在的焦虑或者困扰，通过解析这些梦境可以揭示个体潜意识中隐藏的情感和动机。梦境的解析不仅仅是分析梦境中出现的具体内容，更重要的是探索其中所蕴含的象征性意义。梦境中的符号和图像往往具有多重的意义，需要通过深入的解析和理解才能揭示其真实含义。荣格强调，梦境的解析需要结合个体的生活经历、心理状态和潜意识内容，进行全面和综合的分析。总体来说，荣格的梦境解析理论为心理学提供了一个深入理解个体内在世界的重要途径，有助于个体深入探索自己的心理结构和动机，促进个体的心理健康和成长。通过对梦境的解析，个体可以更好地理解和处理内在的冲突和需求，实现心理平衡。

（五）宗教和神话研究

荣格对宗教和神话的研究堪称深入而独特，他的理论观点深刻地揭示了宗教和神话中所蕴含的人类心理共通性和深层次的意义。荣格认为，宗教和神话不仅仅是文化的产物，更是人类内在精神活动的表达，其中的符号和意象反映了人类内在心理结构和情感体验。他的研究贡献使得宗教和神话成为心理学、文化等多个领域的重要研究对象，为人类思想的深入探索提供了重要的理论基础。荣格的研究表明，宗教和神话中的符号和意象往往具有深刻的象征意义，反映了个体和集体无意识中的普遍心理结构和动机。例如，神话中的英雄、恶龙、迷宫等意象不仅仅是故事情节的需要，更是人类心理中普遍存在的原型形象，代表着个体内在冲突、成长和自我探索的过程。荣格强调，宗教和神话中的符号和意象是个体潜意识的投射，通过对其深入解析可以揭示个体心理内在世界的内容和动机，为心理学的发展提供了一个重要的研究途径。荣格的宗教和神话研究不仅对心理学产生了深远影响，也给文化、宗教等带来了重要启示。他的理论观点为人类思想的发展提供了一个更加坚实的基础，帮助人们更好地处理心理问题和情感体验。荣格的思想不仅在当代心理学领域引起了广泛关注和讨论，也为人类思想的进步和发展作出了重要贡献。

二、荣格的自我疗愈概述

卡尔·荣格早年曾有一段与精神疾病抗争的经历，这一时期对他的职业生涯和个人发展产生了深远的影响。他在自传《回忆、梦和思考》（*Memories*，*Dreams*，*Reflections*）中详细描述了这段经历。

荣格在年轻时曾身陷一次深度的内心危机，这在当时被称为“神经衰弱”（Nervosität）或者“神经过敏”（Neurasthenie）。这一时期他的主要表现为情感波动大、自我意识过强、内心痛苦和不稳定等，甚至陷入了一种自我分裂的状态。他经历了激烈的心理斗争，试图认识并掌握自己内在的深层力量。

在这段困扰他的时期，荣格采取了多种方式进行调节和自愈。此时，他非常重视梦境的意义，并且开始系统地记录和解析自己的梦境。他相信梦境是潜意识的表达，通过分析梦境可以揭示个体内在的冲突和需求。荣格也尝试过通过艺术创作来表达自己内在的体验和情感，其中曼陀罗绘画就是他重要的创作方式之一。

曼陀罗是一种源自东方的艺术形式，代表着宇宙结构和个体心灵的整体图景。荣格将曼陀罗视为一种象征，认为其图像不仅反映了宇宙的结构，也反映了个体内在的心灵结构。通过绘画曼陀罗，荣格试图表达并理解自己内在的深层冲突，这成为他调节自愈的重要途径之一。

除了梦境解析和艺术创作外，荣格还积极探索了自我意识的深层意义和宗教信仰的价值。对宗教和神秘主题的研究成为他后来理论建构的重要基石之一。荣格认为，宗教信仰是人类内在精神活动的重要表现形式之一，而通过探索宗教信仰的内涵和符号意义，个体可以更深入地了解自己的心灵结构和存在意义。

综上所述，荣格在自我调节和自愈过程中采用了梦境解析、艺术创作

（如曼陀罗绘画）以及对宗教信仰的探索等多种方式。这些经历不仅影响了他个人的发展，也深刻地影响了他后来的理论建构和心理治疗实践。

三、曼陀罗

曼陀罗又称曼荼罗（Mandala），源自梵语，是指一种特定的宗教或精神图像，代表了宇宙的整体结构或者神圣的空间。它也被称为曼达、曼扎、满达等。最初，曼陀罗一词可能指代曼陀罗花，它是一种茄科植物，也称为山茶。它是一年生草本植物，高度可达一米。在秋季开花，其花形状呈漏斗状，非常壮观。此外，曼陀罗花也被称为风茄儿、山茄子等。

在佛教思想中，曼陀罗被视为祥瑞之花，常被称为“花雨”或者“彼岸花”。它在佛教文化中具有重要的象征意义，通常被用来表达佛陀世界的神圣和宇宙的完整性。曼陀罗图式通常由各种几何形状、符号、图案和神圣图像组成，象征着宇宙的结构和精神之旅。它们通常被用作冥想、礼拜和修行的工具，以帮助修行者。

曼陀罗图式不仅具有美学价值，还承载着深厚的宗教和文化意义。它代表着宇宙的秩序和规律，是连接人与宇宙、物质与精神的桥梁。通过绘制和欣赏曼陀罗图式，人们可以感受到宇宙的神秘和伟大，体验到内心的平静和安宁。

四、曼陀罗绘画的起源

曼陀罗绘画起源于印度佛教和印度教的文化传统。它是一种象征性的艺术形式，用来表现宇宙结构、心灵境界和宗教理念。曼陀罗原意为“圆形”或者“聚合”。曼陀罗绘画通常以圆形为基础，围绕中心点展开，象征着宇宙的中心和个体心灵的整体结构。

曼陀罗的起源可以追溯到印度古代的文化和宗教传统。考古学证明，早期的曼陀罗往往与佛教经典中的宇宙观念相关联，描绘了宇宙的结构、天界和地界的分布以及生命循环的演变。这些早期的曼陀罗往往由几何图形和符号组成，反映了早期佛教对宇宙结构和精神境界的理解。

除了印度外，曼陀罗绘画也在其他亚洲国家发展，如尼泊尔、不丹等，并且在这些地方发展出了各自的风格和流派。

总体来说，曼陀罗绘画起源于古代印度，是一种具有深厚宗教和文化内涵的艺术形式，通过图像的象征性表达来呈现宇宙和个体心灵的奥秘。在考古学的研究中，我们通过对古代文物、壁画、雕塑以及古代文献的考察，可以揭示曼陀罗在佛教中的起源和演变。

通过文物考古的研究，我们可以发现大量有关曼陀罗的壁画、雕塑和手抄本，这些文物为我们了解曼陀罗在佛教中的起源和作用提供了珍贵的线索。同时，结合历史文献和宗教文本的研究，我们可以更加全面地认识曼陀罗在佛教文化中的重要地位和影响。

冥想与修行：曼陀罗被用作冥想和修行的工具。修行者观察和审视曼陀罗图式，以达到内心的平静与觉醒。曼陀罗图式中的几何形状和符号被认为可以引导修行者超越日常的感官体验，进入更高层次的意识状态。

宗教仪式与礼拜：在佛教仪式和礼拜中，曼陀罗被用以祭祀和供奉。在仪式中，修行者通过向曼陀罗供奉香烛、花果等物品来表达敬意和虔诚。

教育与启迪：曼陀罗也被用作教育的工具。通过解释和展示曼陀罗图式的含义，传授佛教教义和哲学观念，启迪信徒的智慧。

五、曼陀罗绘画的功能

卡尔·荣格认为曼陀罗绘画具有重要的心理学作用，可以作为心理疗愈和个人发展的工具。他将曼陀罗视为一种具有象征性的表达形式，能够反映个体的心灵结构和内在冲突，帮助个体认识自我、实现心灵的整合和成长。

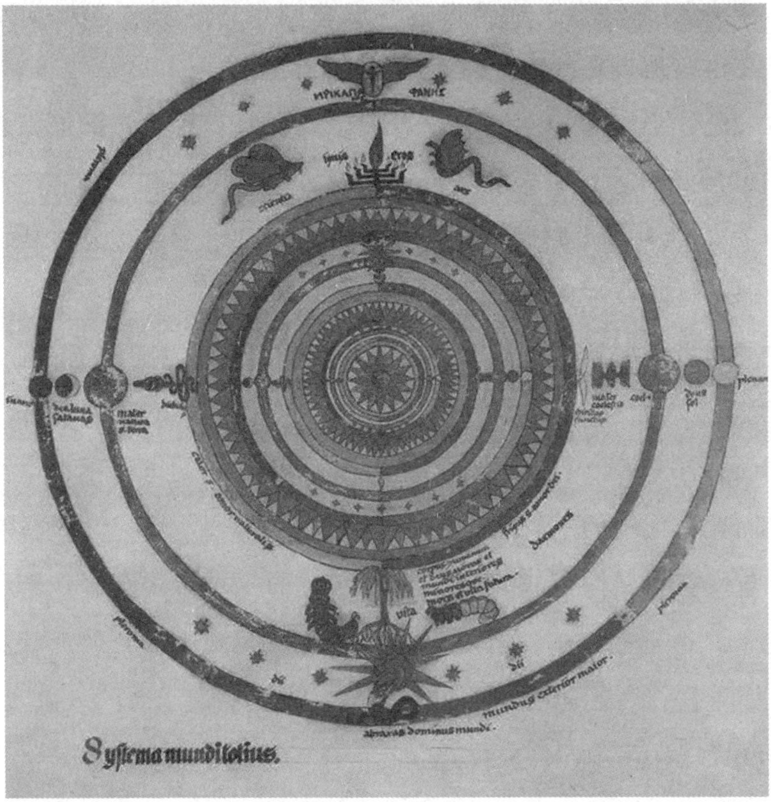

荣格于1917年创作的第一幅曼陀罗“万物体系”

荣格认为，曼陀罗中的图像和符号不仅反映了宇宙的结构，也反映了个体的内在心理结构。通过绘制曼陀罗，个体可以表达自己的内在体验和情感，探索潜意识的内容，从而实现心理的平衡。

1. 表达内在冲突和需求

在荣格心理学中，曼陀罗绘画被视为一种深度的心理探索工具，有助于个体了解和处理潜意识中的内在冲突和需求。荣格认为，曼陀罗中的图像和符号不仅仅是装饰性的图案，更是个体内心世界的象征性表达，可以反映出个体的心理状态和情感体验。通过绘制曼陀罗，个体能够深入探索自己的内心世界，意识到潜意识中存在的不同层面的矛盾，从而促进个体的自我认知和成长。举例来说，一个人可能在曼陀罗中表现出对于自我认知的困惑，反映了他对自己内在特质和价值观的混淆和矛盾感；对于生活方向感觉迷茫的人可能表现为绘制的曼陀罗中出现迷宫般的图案，暗示着个体对于未来发展的困惑和无助感；而内心正经历冲突与挣扎的人可能在曼陀罗中描绘出对立的元素，如光明与黑暗、秩序与混乱等，反映了个体内心的分裂与对立。这种通过绘制曼陀罗来表达内在冲突和需求的过程不仅有助于个体深入了解自己的心理状态，也为个体的心理疾病治疗提供了一种有效的途径。

2. 实现心理整合和平衡

荣格心理学认为，曼陀罗绘画过程本身是一种心理整合的行为，在绘制过程中，个体可以从潜意识中呈现的不同对立面中寻找和谐与平衡。在心理学中，这种整合过程常常被称为“自我统合”（self-integration），指的是个体内部不同心理元素的整合和和谐，从而实现内在的平衡与稳定。曼陀罗的绘制过程提供了一个符号化的平台，让个体能够将潜意识中的冲突与对立元素转化为可视化的图像，并通过艺术的形式来表达体现。举例来说，一个人可能在曼陀罗中将自己内心的恐惧与希望融合在一起，通过绘画将这些对立元素融合，个体能够体验到对内心对立力量的接纳以及与其和解的过程，从而实现心理整合与平衡的目标。这种自我统合的过程不仅有助于个体减轻内心的压力和焦虑，也有助于促进个体的心理成长与发展。

3. 启发个体的自我认知和成长

荣格心理学认为，曼陀罗绘画为个体提供了一个独特的平台，个体可以深入探索自我深层次的内在世界，并且促进个人的成长和发展。荣格认为，曼陀罗中的图像和符号不仅仅是具有装饰性的艺术品，还是个体潜意识中的象征性表达，能够反映出个体内在的需求、冲突和潜能。通过曼陀罗绘画，个体得以直观地观察和体验自己内心的动态，这种深度的自我探索过程有助于个体认识自己的内在需求和潜能，进而实现个人的成长和发展。例如，一个人在绘制曼陀罗时可能会意识到自己的潜能和独特性，通过对曼陀罗中出现的符号和图像进行分析和解读，会启发个体对于自我认知和发展的思考和行动。这种深入探索内心世界的过程有助于个体更好地理解自己的内在动机和价值观，从而引导个体朝着更加积极和有意义的方向发展。因此，荣格认为，曼陀罗是一个非常有价值的工具，可以启发个体的自我认知和成长，促进个体的心理健康和全面发展。

总体来说，荣格认为曼陀罗绘画具有深层心理学的作用，能够帮助个体探索内在世界、实现心理的整合和平衡，启发个人的自我认知和成长。这些作用使得曼陀罗绘画成为一种重要的心理疗愈工具。

六、集体无意识

在荣格心理学中，集体无意识是指存在于人类心灵深处的共性心理结构，超越了个体经验和文化差异的普遍存在。集体无意识中包含一系列普遍的原型、象征和图像，这些原型不受个体意识控制，而借由共同的生物和文化传统传递下来。集体无意识的内容在个体意识之外，并常常通过梦境、宗教符号、神话故事等方式表现出来。荣格认为，集体无意识是人类心理活动的一个重要维度，它与个体无意识相互作用，影响着个体的思维、情感和行为。集体无意识中的原型和象征具有普遍的、跨文化的意义，能够触发人们共通的情感和想象。通过对集体无意识的理解和探索，个体可以触及更深层次的心理层面，实现心灵的整合和成长。

集体无意识在荣格心理学中具有重要意义，它不仅帮助人们理解个体心理活动的普遍性和共通性，还为个体提供了一个与文化、社会和宇宙联系的框架。荣格认为，个体与集体无意识的连接是心理健康和成长的关键，通过深入探索集体无意识的内容，个体可以更好地理解和处理心理问题和情感体验。

在荣格的观点中，几何图形不仅仅是简单的几何形状，还携带着深层次的象征意义。比如，圆形被视为整体性、完整性和无限性的象征，方形则象征着稳定性和秩序性，三角形可能代表着不稳定性和变化等。这些图形在梦境、宗教教义、神话故事中经常出现，被认为是集体无意识中的共享原型。

荣格提到的这五种几何元素——圆点、圆形、方形、三角形和十字形，都是几何图形中最基本、最简单的，并且在各种文化中都有极高的出现频率。这些元素不仅具有美学价值，还承载着深厚的文化和宗教意义。

圆点（·）：圆点是所有图形和结构的起点和终点，代表着宇宙的中心、生命的起源和归宿，象征无限、统一、完美、平衡。

圆形（○）：圆形没有起点也没有终点，代表着永恒、无限和完美，象征完整、和谐、无限、宇宙、生命循环。

方形（□）：方形有四个等长的边和四个直角，代表着稳定、秩序和规则，象征地球、物质世界。

荣格“四位一体”

三角形（△）：三角形是最简单的多边形，具有稳定性和指向性，象征稳定、力量、神圣、精神、方向。

十字形（+）：十字形由两条垂直相交的线组成，代表着四个方向、四个季节和四个元素，象征神圣、救赎、宇宙中心。

当这些几何元素相互结合并共用同一圆点时，就形成了曼陀罗图式。曼陀罗在梵语中意为“圆”或者“中心”，是印度教和佛教中常见的宗教象征，代表着宇宙的结构和秩序。曼陀罗图式通常具有一个中心点和围绕中心点的各种几何图形，这些图形按照一定的规则和比例排列，形成一个和谐、统一的整体。

几何图形作为人类历史文化的传承，在不同文明中各有其独特的起源和发展历程。

早期文明中的几何图形：在古代文明中，几何图形已经被广泛使用。例如，在埃及的金字塔和神殿中常见到方形和三角形的元素，这些几何图形被用于建筑设计和宗教仪式。古巴比伦文明中的楔形文字也以几何图形的形式出现，用于记录文字和数字。

希腊文明中的几何学：希腊古典时期是几何学发展的黄金时期。毕达哥拉斯学派提出了许多关于几何图形的重要理论，如毕达哥拉斯定理、五大几何体等。这些理论不仅在数学领域有重大影响，也影响了哲学和自然科学的发展。

中世纪欧洲的哥特式建筑：在中世纪的欧洲，哥特式建筑运用了许多几何图形，如尖拱形、圆形拱顶等，形成一种优美而庄严的建筑风格。这些几何图形不仅展现了建筑的结构美学，也体现了基督教文化中的精神意义。

现代艺术中的几何主义：在20世纪的现代艺术运动中，几何主义成为一种重要的艺术风格。例如，俄罗斯的构成主义和荷兰的德·斯蒂尔运动都将几何图形作为艺术表现的基础，通过简洁的几何图形表达了对现实和人类生活的抽象思考。

在中国历史文化中，几何图形的起源和发展也有其独特的历史和特点。在中国古代建筑中，几何图形被广泛运用于建筑设计和装饰艺术中。例如，古代宫殿、庙宇和城墙的结构常常使用方形、圆形等几何形状，体现了对建筑结构和美学的追求。中国传统文化中的许多图案和纹样都包含丰富的几何图形元素。例如，八宝图案中的方形、圆形、菱形等几何图形，象征着吉祥和富贵；莲花图案中的圆形和螺旋形，代表着纯洁和完美。在中国的道教和佛教艺术中，几何图形被广泛运用于宗教建筑、雕塑和绘画中。例如，道教中的八卦图和佛教中的宝相图等图案，包含了许多几何图形，代表着宇宙的秩序和神圣的意义。

这些例子说明几何图形作为人类历史文化的传承，在不同文明和时期都扮演着重要角色。它们不仅是艺术和建筑中的重要元素，也反映了人类对自然、宇宙的认知和表达。

在荣格心理学中，几何图形被视为集体无意识的代表之一，主要是因为它们具有普遍的、跨文化的象征意义，并能够触发人们内在的情感和想象。

普遍性：几何图形的形式和结构是普遍存在的，不受特定文化、语言或者地区的限制。例如，圆形、方形、三角形等几何图形在全球范围内都具有相似的形态，这使得它们能够被认为是集体无意识的表达形式。

象征意义：几何图形常常被赋予深层次的象征意义。例如，圆形象征着完整性、无限性和整体性，方形象征着稳定性和秩序性，三角形可能代表着不稳定性和变化等。这些象征意义并非存在于特定文化中，在不同文化和时期都有类似的解读，从而表明它们具有普遍的象征性。

内在反应：人们对几何图形往往有内心独特的情感和想象反应，即使在没有具体解释的情况下，它们也能够引起人们的注意和共鸣。这种内在反应的出现可能由于几何图形触发了个体内在的集体无意识内容，激发了个体的情感和想象。

因此，几何图形作为集体无意识的表现之一，展示了集体无意识在人类心理活动中的普遍性和共通性，同时也为个体提供了一个与文化、社会和宇宙联系的平台，有助于个体实现心灵的整合和成长。荣格认为，当个体在梦境中或者在创作艺术作品时使用几何图形，实际上是在表达集体无意识中的原型结构和心理内容。这些图形通过触发人们内在的情感和想象，帮助个体触及更深层次的心理层面，从而实现心灵的整合和成长。因此，几何图形在荣格心理学中被视为一种重要的象征工具，可以帮助人们深入探索自我和世界的奥秘。

七、曼陀罗绘画中的集体无意识

在荣格心理学中，曼陀罗绘画可以被视为集体无意识的一种表达形式。曼陀罗被广泛认为是一种源自东方文化的艺术形式，常见于佛教和印度教等宗教传统中，用以代表宇宙的结构和宇宙万物的神圣秩序。在荣格的理论中，曼陀罗被解释为个体心灵中的图像和符号，反映了集体无意识中的普遍原型和象征。

集体无意识是指人类存在以来，甚至可以说是有机体存在以来，亿万次人的社会活动的一种心理积淀，通过种族遗传的方式传达给个体。集体无意识是一种先天的精神模式，它在很大程度上支配和规范着人的精神活动。集体无意识的内容被称为原型，这些原型是人类共同的、普遍的体验。

荣格认为，曼陀罗中的各种图案、符号和几何形状都是集体无意识的表达，它们具有深层次的象征意义，能够触发个体内在的情感和想象。曼陀罗的绘制过程本身就是一种心灵的探索和整合，通过曼陀罗绘制，个体可以深入探索自己的内在世界，表达内在的情感和体验。

曼陀罗的图案和结构代表了宇宙的秩序和个体心灵的结构，它们反映了个体与宇宙之间的联系和共通性。荣格认为，通过曼陀罗绘画，个体可以实现心灵的整合和成长。曼陀罗绘画不仅是一种艺术形式，更是一种心灵的探索和启发，有助于个体了解自己的内在世界，实现心灵的平衡和和谐。

八、自性原型

在荣格的理论中，自性原型（the self）被视为完整性和心灵调节中心的原型，是超越自我（ego）的力量。自性原型具有五个主要特性，包括保护性、整合性、整体性与中心性、指引性和神圣性。自性原型是心理的整体，也是心灵的中心，它负责每一个人内心的秩序。

保护性：自性原型具有保护个体免受外界伤害和内在冲突伤害的功能。它像是一个心灵的守护者，确保个体的内在世界能够维持在一个相对稳定和安全的状态。

整合性：自性原型负责将人格的各个方面整合在一起，形成一个统一的整体。它像一个组织者，将个体经验、记忆、情感、思维等心理元素协调起来，形成一个有序、和谐的心理结构。

整体性与中心性：自性原型是心理结构的中心，它也代表了心灵的整体性。所有心理元素都围绕自性原型展开，形成一个以自性原型为中心的层级结构。

指引性：自性原型具有指引个体发展和成长的功能。它像一个指南针，指引着个体向更高层次的精神发展，实现个体的潜能和目的。

神圣性：自性原型被赋予一种超越和神圣的性质。它代表了人类精神中最深刻、最本质的部分，是连接个体与宇宙、物质与精神的桥梁。

自性原型在个体心理发展中发挥着至关重要的作用。它促使个体不断地尝试去整合自身的不同侧面，寻求一种有凝聚力的自我意识。通过整合人格的各个部分，自性原型帮助个体实现心理的完整和统一，达到一种内心的稳定和平衡。同时，自性原型也是个体实现自我和个性化的关键所在。

在荣格看来，自性原型的创造是在一个被称为个性化的过程中发生的。这个过程是一个长期的、动态的过程，涉及个体对自己内在世界的深入探索和理解。在这个过程中，个体逐渐认识到自性原型的存在和作用，开始寻求与自性原型的和谐统一。通过个性化的过程，人格的各个方面被整合在一起，形成一个更为完整、统一和真实的自我。

例如，一个人可能选择在曼陀罗中表达自己的自然状态。他可能会用大自然的图案和元素来构建曼陀罗，比如树木、河流、动物等，以此表达自己与自然的深刻联系。在这个过程中，他可能会发现他内在的本质与自然的元素有着深刻的共鸣，从而加深对自己与周围世界的理解。

另一个例子是一个人可能在曼陀罗中表达自己的内在力量和平衡。通过选择符号和图案，比如太阳、月亮、星星等以及几何图形的结构，他可以表达自己内在的平衡状态和强大的内在力量。在这个过程中，他可能会意识到自己内在的能量和资源，从而提高自信心水平和自我接纳程度。

总体来说，自性原型是荣格分析心理学中的一个核心概念，它代表了心理的整体和统一，是个体心理发展的核心所在。通过深入理解和应用自性原型的理论，我们可以更好地理解个体心理的发展过程，为个体心理健康和成长提供更为有效的支持和指导。

九、个人无意识

在心理学领域，特别是荣格的分析心理学中，个人无意识是一个重要的概念。它指的是那些曾经被意识到但随后由于种种原因而被压抑或者遗忘的心理内容，以及那些在一开始就没有形成有意识印象的内容。个人无意识与集体无意识相对应，后者包含了所有人类共有的、遗传自祖先的心理结构和原型。个人无意识是心理学的一个重要概念，它揭示了人类心理的复杂性和多样性。通过深入研究个人无意识的内容和作用机制，我们可以更好地理解个体的心理和行为特征，为心理咨询和治疗提供更加有效的方法和手段。

（一）个人无意识的构成

被压抑或者遗忘的内容：个人无意识中包含了许多曾经被个体意识到，但由于种种原因（如恐惧、痛苦、冲突等）而被压抑或者遗忘的记忆、思想、情感等。这些内容可能由于刺激性过大或者造成身体或心理不适而被排除在意识之外，但它们仍然对个体的行为和思维产生影响。

幼时的记忆和冲动：个体在成长过程中，尤其是幼年时期，会有许多经历和体验。由于年幼时心理结构尚未成熟，许多记忆和冲动并未被充分整合到意识中，而是被存储在个人无意识中。这些幼时的记忆和冲动可能以梦境、幻觉、强迫性想法等形式出现，对个体的心理和行为产生重要影响。

未形成有意识印象的内容：有些心理内容从一开始就没有形成有意识的印象，而是直接进入了个人无意识。这可能是因为这些内容与个体的当前意识状态不相关，或者是因为个体的注意力和认知能力有限，无法将这些内容纳入意识之中。

（二）独特性

个人无意识是由个体经验构成的，因此它对每个人来说都是独特的。每个人的成长经历、生活环境、性格特点等都不同，导致个人无意识中的内容也具有差异性。即使面对相同的情境或者刺激，不同的人也可能产生不同的反应和体验，这正是因为他们的个人无意识中存储了不同的心理内容。

（三）回忆的难易程度

在个人无意识中，有些意象和记忆比较容易回忆，而有些意象和记忆则比较难以回忆。这取决于多个因素，如这些内容与当前情境的相关性、个体的心理状态、回忆的技巧和方法等。有些内容可能由于与当前情境高度相关或者受到某种触发而容易被回忆起来；而有些内容则可能由于被深深地压抑或者遗忘而难以被回忆起来。此外，还有一些内容可能超出了意识的界限，即使个体采用各种方法也难以回忆。

曼陀罗绘画在心理学和艺术疗愈中被视为一种深入个人无意识的工具，可以帮助个体探索和表达内在的情感、愿望和经验。在曼陀罗中表现个人无意识的过程常常是一个充满启示和转变的过程。

假设一个人选择绘制一幅曼陀罗图式来表达他的梦境和潜意识。他可能选择使用各种图案、符号和色彩来反映他在梦中体验到的情感。在这个过程中，他可能会发现一些图案和符号反复出现，或者某些颜色和形状引起他特别强烈的情感反应。这些元素可能代表着个人无意识中的某种模式或者主题。

在创作过程中，他可能开始思考这些元素背后的意义，并尝试将它们整合到曼陀罗的结构中。这个过程可能引发一系列内在的反思和认知，使他更深入地了解自己的潜意识世界。例如，他可能会意识到一些梦境中的符号与他的童年经历或者潜藏的情感冲突有关。

随着曼陀罗画作的完成，他可能会感到一种内在的平静甚至解放，因为他通过艺术的方式表达了自己的内在体验，并且对自己的潜意识有了更深层次的理解。这种过程不仅有助于个体的心理疗愈和自我探索，还可以促进个体的内在成长和发展。

这个例子说明了曼陀罗绘画作为一种艺术疗愈工具，在帮助个体深入探索个人无意识方面的潜力。通过创作和解读曼陀罗绘画，个体可以更加深入地了解自己的内在世界，并且在心理上得到疗愈和成长。这种方法在心理学和艺术疗愈领域得到广泛的应用和认可，为个体提供了一个深入自我探索的途径。

十、曼陀罗绘画在当代艺术疗愈中的现状

曼陀罗绘画在当代艺术疗愈中被广泛应用于治愈各种心理疾病人群，具体涉及以下几个方面。

焦虑症（Anxiety Disorders）：曼陀罗的几何图形和符号有助于缓解焦虑和紧张情绪。通过参与曼陀罗绘画或者冥想，个体可以放松身心，缓解焦虑情绪。例如，一项研究发现，参与曼陀罗绘画课程的焦虑症患者在完成课程后焦虑水平显著降低，表明曼陀罗艺术疗法对焦虑症具有积极的治疗效果。

抑郁症（Depressive Disorders）：曼陀罗艺术疗法可以帮助抑郁症患者重建内在平衡和积极情绪。通过创作曼陀罗作品，个体可以表达内心的情感和体验，并找到情感释放和宣泄的出口。一些研究表明，参与曼陀罗艺术疗法的抑郁症患者在治疗过程中体验到了情感的释放和积极情绪的增加。

创伤后应激障碍（Post-Traumatic Stress Disorder，PTSD）：曼陀罗艺术疗法可以帮助创伤后应激障碍患者处理创伤经历并恢复心理健康。通过绘制曼陀罗图式或者冥想，个体可以重新建立对内在世界的积极认知，并逐渐减轻对创伤经历的恐惧和焦虑。举例来说，有研究发现，创伤后应激障碍患者在参与曼陀罗艺术疗法的过程中体验到了对创伤经历的淡化和内心的平静。

自我认知困难（Self-Cognitive Difficulties）：曼陀罗艺术疗法可以帮助个体探索自我，并促进自我认知和内省。通过绘制曼陀罗图式，个体可以深入了解自己的情感、信念和价值观，并寻找内心的平衡和和谐。一些案例研究表明，参与曼陀罗艺术疗法的个体在治疗过程中体验到了自我认知的提升和内在成长。

情绪调节困难（Emotion Regulation Difficulties）：曼陀罗艺术疗法对于那些情绪调节困难的个体也能够提供帮助。通过参与曼陀罗绘画或者冥想，个体可以学习感知和理解自己的情绪，探索情绪背后的触发因素，并寻找有效的情绪调节策略。一些研究发现，参与曼陀罗艺术疗法的个体在治疗过程中学会了更好地管理自己的情绪，减少了情绪波动和冲动行为。

自我价值感受和自尊困扰（Self-Esteem and Self-Worth Issues）：曼陀罗艺术疗法可以帮助那些自我价值感受和自尊困扰的个体重新建立自信和自尊。通过参与曼陀罗绘画或者冥想，个体可以表达对自身的肯定和接纳，发现自己的独特价值和美好之处。有研究发现，参与曼陀罗艺术疗法的个体在治疗过程中体验到了自我价值感的提升和自尊心的增强，从而提升了对自己的认同感和满足感。

总体来说，曼陀罗艺术疗法在治愈焦虑症、抑郁症、创伤后应激障碍和自我认知困难等心理疾病方面具有积极的效果。通过参与曼陀罗艺术疗法，个体可以重建内在平衡、释放情感压力、处理创伤经历，并提升自我认知和心理健康水平。我们可以肯定曼陀罗艺术疗法在治疗各种心理疾病上具有广泛的应用价值。通过参与曼陀罗艺术疗法，个体可以获得情感释放、内在平静、自我认知和心理健康的提升，从而提高生活质量并实现身心平衡。

第六章　艺术疗愈探索

第一节　当代艺术疗愈

当代艺术疗愈的多种形式，在国内外都得到了广泛的应用和认可。例如，在美国，艺术疗愈已经成为一种正式的治疗方法，有超过50%的美国医疗保险公司提供相关服务的报销。在中国，艺术疗愈也逐渐受到重视，越来越多的心理健康机构和社会组织开始引入艺术疗愈作为辅助的治疗手段。艺术疗愈不仅可以帮助个体缓解焦虑、减少压力，还能促进自我认知和心理成长，对提升心理健康水平具有积极作用。

当代艺术疗愈涵盖多种形式，旨在通过艺术创作和体验来促进个体的心理和身体健康。常见的当代艺术疗愈形式有：

绘画和绘图疗法。通过绘画或者绘图表达情感和内心感受，有助于释放压力、减少焦虑情绪的困扰。

雕塑疗法。利用雕塑创作来探索自我认知、表达情感和内心需求，以解决个人心理问题及应对挑战。

音乐疗法。利用音乐创作、演奏或者倾听来促进心理和情感的健康，减少焦虑情绪、增强情感表达能力。

舞蹈/运动疗法。通过舞蹈、身体运动和表演来增强身体感知、释放压力、平复情绪。

写作疗法。通过写作来表达情感、探索内心世界、解决问题和寻求心灵平静，如日记写作、创意写作等。

表演疗法。通过戏剧表演、角色扮演等形式，探索和解决个人问题、增强自信心和人际交往能力。

艺术手工制作疗法。利用手工制作过程中的创造性活动，如陶艺、编织等，来促进心理放松和情感表达。

自然疗愈艺术。将自然元素融入艺术创作和体验中，如户外绘画、自然摄影等，以促进身心健康和情感平衡。

社区艺术疗愈。通过参与社区艺术项目和活动，建立支持系统、加大社交联系。

第二节　未来艺术疗愈发展趋势

未来艺术疗愈的发展将受到科技的深刻影响，技术的应用将为疗愈实践提供更加科学和专业的支持，同时也将为个体提供更加个性化和智能化的服务。

一、虚拟现实（VR）和增强现实（AR）疗法

利用虚拟现实和增强现实技术，个体可以沉浸于虚拟环境中进行艺术创作，以得到身临其境的疗愈体验。通过模拟不同场景和情境，个体可以有机会更直观地探索和表达内心世界，并接受定制的心理疗愈方案。

在探索未来虚拟现实和增强现实在艺术疗愈中的应用时，我们可以进一步思考以下几个方面。

（一）个性化虚拟环境的设计

基于个体的需求和目标，定制虚拟环境，以求真实反映其内心世界和情感状态。这些环境可以是抽象的艺术空间，也可以是模拟的自然场景或特定情景，如海滩、森林、山地等，以便个体在其中感受到安全和舒适。

（二）情绪调节和应激训练

利用虚拟现实技术模拟各种情绪激发场景，帮助个体学会情绪调节和压力管理技能。例如，在虚拟现实环境中，个体可以面对自己的恐惧、焦虑或者愤怒，通过艺术表达来处理这些情绪，从而达到情绪释放和情感平衡的目标。

（三）沉浸式艺术创作体验

利用虚拟现实和增强现实技术，个体可以在虚拟空间中进行沉浸式的艺术创作，如绘画、雕塑、音乐制作等。这种体验不受物理空间和材料的限制，个体可以更自由地表达内心感受，并且在虚拟世界中大胆发挥自己的创意和想象。

（四）远程心理治疗和辅导

借助虚拟现实技术，心理疗愈师可以与个体进行远程对话和指导，在虚拟环境中提供个性化的心理疗愈方案。个体可以通过虚拟现实头戴式显示器与疗愈师进行互动，分享自己的艺术作品和心理体验，接受专业的心理指导。

（五）社交互动和支持网络

在虚拟现实社区中，个体可以与其他参与者进行互动和交流，分享艺术作品创作心得，获得心理支持。这种虚拟社交网络可以帮助个体感受到归属感和支持，促进情感交流和人际关系建立。

（六）身体感知和运动治疗

利用虚拟现实和增强现实技术结合身体传感器，个体可以参与身体感知和运动治疗。例如，在虚拟现实环境中进行瑜伽、舞蹈或者身体表达活动，以提升身心连接和情感表达能力。

通过使用虚拟现实和增强现实技术，艺术疗愈可以提供身临其境的体验和深层次的治疗效果，为个体提供个性化、有效的心理健康支持。

二、生物反馈技术

结合生物传感技术，监测个体的生理指标如心率、呼吸等，与艺术创作和体验相结合。个体可以通过观察自己的生理指标变化来了解和调节自己的情绪状态，从而实现更有效的疗愈效果。

生物反馈技术在艺术疗愈中的应用可以进一步深化，体现在以下方面。

（一）心率和呼吸节奏与艺术创作的关联性

生物传感技术可以实时监测个体的心率和呼吸节律，并将这些生理指标与艺术创作过程进行关联分析。个体可以通过观察自己的生理指标变化与艺术作品的变化，将二者综合考虑并了解创作过程对内在情绪和心理状态的影响，从而调节自己的情绪状态。

（二）生理指标与情绪表达的关联研究

进一步研究不同情绪状态下的生理指标变化与艺术创作的关联性。通过分析个体在创作不同情绪主题作品时的生理指标变化，可以更准确地了解情绪表达与生理状态之间的关系，为个体提供更有针对性的艺术疗愈方案。

（三）生物反馈训练与情绪调节技能的培养

将生物反馈技术与艺术创作训练结合，帮助个体培养情绪调节和压力管理能力。个体可以通过观察自己的生理指标变化，学会如何调节自己的情绪状态，并通过艺术表达来实现情感释放和情绪平衡的目的。

（四）生理指标反馈与治疗效果评估

在艺术疗愈过程中，可以利用生物反馈技术监测个体的生理指标变化，评估治疗效果和个体的心理健康状况。通过长期跟踪和分析个体的生理指标变化和艺术创作成果，艺术疗愈师可以及时调整疗愈方案，提高治疗效果的可靠性和持久性。

（五）个性化生物反馈艺术作品

根据个体的生理指标数据，设计个性化的生物反馈艺术作品，以帮助个体更直观地观察和了解自己的生理状态。这些艺术作品可以是可视化的图形、音乐或影像，与个体的生理指标变化相对应，为个体提供直观的情绪反馈和自我认知。

结合生物反馈技术和艺术创作，个体可以更深入地了解自己的情绪状态和内在体验，从而实现更有效的心理疗愈和情感表达。

三、人工智能辅助治疗

基于人工智能的算法和数据分析，个体可以得到个性化的艺术疗愈方案。在分析个体的情感状态和需求的基础上，人工智能系统可以提供针对性强的艺术创作建议和心理支持，以加强疗愈效果。

人工智能在艺术疗愈和心理治疗领域的应用正在迅速发展，它结合了心理学和计算机科学的知识，可以提供高度个性化和有效的治疗方案。

（一）情感识别和情绪分析

基于人工智能的算法，艺术疗愈师可以分析个体在艺术创作过程中的情感状态，包括压力水平、情绪稳定性等。通过监测声音、语言、面部表情和生理指标等数据，人工智能系统可以准确识别个体的情绪，并根据其情感状态调整艺术疗愈方案。

（二）个性化艺术创作建议

基于情感识别和情绪分析的结果，人工智能系统可以提供个性化的艺术创作建议。例如，对于情绪低落的个体，系统可能推荐其使用柔和的色彩和轻快的音乐来促进情绪的提升；对于焦虑的个体，系统可能建议其尝试冥想绘画或者冥想音乐的方式以获得放松。

（三）智能艺术创作辅助工具

人工智能技术可以开发智能艺术创作辅助工具，帮助个体克服创作困难并发挥创造力。这些工具可能包括智能绘画软件、音乐合成算法和文本创作助手等，它们可以根据个体的情感状态和创作需求提供实时反馈和建议。

（四）自然语言处理和语音交互

人工智能系统可以通过自然语言处理和语音交互技术与个体进行实时交流和沟通。个体可以通过与人工智能系统的对话来分享内心感受、表达需求和寻求心理支持，相对应地，系统可以根据个体的话语内容和语音情绪提供相应的艺术疗愈方案和建议。

（五）长期数据分析和治疗效果评估

人工智能系统可以对个体的艺术创作数据和情感状态进行分析和长期跟踪，以评估治疗效果和个体的心理健康状况。基于对数据的持续监测和分析，系统可以及时调整治疗方案，并提供个体化的心理支持和指导，以实现更有效的疗愈。

综合来看，人工智能辅助治疗在艺术疗愈领域的应用将为个体提供高度个性化、科学化的治疗方案，有助于个体加大情感表达力度、促进心理健康和提升生活质量。

四、数字化艺术创作工具

个体可以利用更加智能和便捷的数字艺术创作工具进行创作，以表达内心情感和探索个人成长。这些工具可能包括虚拟绘画平台、音乐合成软件、智能舞蹈编排系统等。

数字化艺术创作工具的发展在艺术疗愈和心理学领域中扮演着重要角色，它们不仅可以帮助个体表达内心情感，还可以成为探索个人成长和维护心理健康的有效工具。未来，数字化艺术创作工具会有以下几个方面的延展。

（一）情感分析与创作引导

开发智能化的数字艺术创作工具，可以集成情感分析技术，帮助个体更好地了解自己的情感状态，并提供针对性强的创作指导。通过分析个体在创作过程中的笔迹、音频等数据，系统可以识别情感线索，并为个体提供相应的创作建议和技巧，以促进情感表达和内心成长。

（二）个性化创作推荐系统

基于个体的创作偏好、艺术风格和心理特征，开发个性化的数字艺术创作推荐系统。这些系统可以分析个体的创作历史和偏好，为其推荐适合的艺术素材、技术教程和创作项目，以激发其创作灵感、提升其创作效率。

（三）虚拟现实的创作环境

开发智能化的虚拟绘画平台和三维艺术创作工具，为个体提供沉浸式的创作体验。个体可以在虚拟环境中自由绘画、雕塑和设计，利用虚拟现实技术实现更直观、立体的创作，以探索内心情感，实现个人成长。

（四）智能音乐合成软件

利用人工智能和机器学习技术，开发智能音乐合成软件，帮助个体创作个性化的音乐作品。这些软件可以根据个体的音乐偏好、情感状态和创作目的，自动生成合适的音乐素材和曲调，为个体提供个性化的音乐创作体验。

（五）智能舞蹈编排系统

开发智能化的舞蹈编排工具，可以根据个体的舞蹈技能水平、身体特征和情感表达需求，为其自动生成个性化的舞蹈动作编排方案。这些系统可以结合虚拟现实和运动捕捉技术，实现个体在虚拟舞台上的舞蹈表演以及情感表达。

通过运用智能化和个性化的数字化艺术创作工具，个体可以更轻松地表达内心情感、探索个人成长，并获得更丰富、更有意义的艺术疗愈体验。这些工具不仅可以提升个体的创作能力和艺术表达水平，还可以促进心理的健康和情感的平衡。

五、社交媒体和在线平台

利用社交媒体和在线平台，个体可以加入虚拟艺术社区，与他人分享和交流艺术作品，建立支持系统和社交网络。这些平台也可以为个体提供线上艺术疗愈服务，如远程心理咨询、在线创作课程等。

社交媒体和在线平台在艺术疗愈和心理学领域中的应用程度正在迅速提高，它们为个体提供了一个便捷的渠道，使其能够与他人分享和交流艺术作品，建立支持系统和社交网络。

（一）虚拟艺术社区

社交媒体和在线平台可以为个体建立虚拟艺术社区，提供一个可以让用户与他人分享和交流艺术作品的平台。这些社区可以包括专门的艺术创作平台、艺术社交网络和在线艺术展览平台，让个体与全球范围内的艺术家和爱好者互动，分享创作经验和艺术灵感。

（二）远程心理咨询服务

社交媒体和在线平台可以为个体提供远程心理咨询服务，以文字、语音或者视频通话的形式与心理专家进行在线咨询和治疗。个体可以在家中或者任何有网络的地方接受专业的心理支持和指导，解决心理问题并消除情绪困扰。

（三）在线创作课程

社交媒体和在线平台可以开放各种在线创作课程，包括绘画、音乐、舞蹈、写作等艺术形式的教学和实践。个体可以通过参与这些课程，学习艺术创作技巧，探索内心情感，并与其他学员分享和交流创作经验。

（四）个体化艺术推荐和匹配系统

社交媒体和在线平台可以利用个体的兴趣和偏好数据，开发个性化的艺术推荐和匹配系统。这些系统可以根据个体的艺术品位和心理需求，为其推荐适合的艺术作品、活动和资源，提供定制化的艺术疗愈体验。

（五）建立社交支持网络

在线平台可以帮助个体建立社交支持网络，与其他有类似经历和兴趣的个体建立联系和互助关系。这些支持网络可以是基于特定主题或者心理问题的在线社群，个体可以在其中分享经验、获取支持和建立友谊，促进心理健康和情感共享。

通过利用社交媒体和在线平台的优势，个体可以在虚拟世界中与他人分享和交流艺术作品，接受专业的心理支持和指导，参与丰富多样的艺术活动并享有资源，从而获得更全面、个性化的艺术疗愈体验。

审视当下艺术疗愈的发展趋势时，我们不禁感叹其在科学、心理学和艺术的交汇点上所取得的巨大进步。这一领域正在以前所未有的速度扩展和深化，并融合了神经科学、心理学和艺术创作的最新成果。未来的艺术疗愈将更加个性化、可定制化，基于个体的需求和反应进行调整，从而更有效地应对各种心理健康问题。同时，随着技术的进步，虚拟现实、增强现实等新兴技术将被更广泛地应用于艺术疗愈实践中，为受众带来更加沉浸式和个性化的体验。这一趋势将进一步推动艺术疗愈的发展，并为人们提供更多、更有效的心理健康支持，为个体和社会的健康福祉做出更大的贡献。

第七章　虚拟交互体验下的大学生心理互助支援空间设计

未来的艺术疗愈将更加注重科学性和专业性，结合心理学、神经科学、计算机科学等多个领域的知识和技术，为个体提供更全面、个性化的心理健康支持和服务。同时，随着社会对心理健康的重视程度不断提高，艺术疗愈也将成为一种被广泛认可和普及的治疗方法。

第一节　行业现状

一、国内外虚拟现实技术在艺术疗愈中的应用现状

在国外，特别是在欧美发达国家，艺术疗愈已经成为一种常见的心理疾病治疗方法。虚拟现实技术在艺术疗愈中的应用也较为先进和成熟。许多研究表明，虚拟现实艺术疗愈可以有效改善抑郁症、焦虑症、创伤后应激障碍等心理疾病患者的状况，并有显著的治疗效果。

虚拟现实技术在艺术疗愈中的应用在国外已经引起了广泛关注，《纽约时报》曾刊登过一篇关于虚拟现实艺术疗愈的报道，介绍了一位使用虚

拟现实技术进行创伤治疗的患者的案例。这位患者通过在虚拟环境中进行艺术创作，成功地减轻了自己的创伤后应激障碍症状。还有欧美许多知名大学和研究机构都在进行虚拟现实艺术疗愈方面的研究。例如，哈佛大学的一项研究发现，虚拟现实艺术疗愈可以显著改善抑郁症患者的情绪和心理健康状况。一些知名的心理学家和临床心理治疗师也开始尝试使用虚拟现实技术进行艺术疗愈。他们发现，虚拟现实艺术疗愈不仅可以提供更丰富的创作空间和体验，还可以帮助患者更好地了解和处理自己的情感和内心世界。虚拟现实技术在艺术疗愈中的应用已经得到广泛认可，未来有望在心理治疗领域发挥更大的作用。

虚拟现实技术在国内的艺术疗愈中也逐渐受到重视和应用，《中国日报》曾刊登过一篇关于虚拟现实技术在中国艺术疗愈中的应用的文章，介绍了国内一些心理治疗机构使用虚拟现实技术进行艺术疗愈的案例。文章写道，这些机构使用虚拟现实技术帮助患者放松心情、释放情感，取得了一定的疗效。清华大学的一项研究也发现，虚拟现实艺术疗愈可以有效改善青少年焦虑和抑郁症状。一些国内知名的心理学家和临床心理治疗师也开始尝试使用虚拟现实技术进行艺术疗愈。他们发现，虚拟现实艺术疗愈可以帮助患者更好地表达和处理自己内心的情感。

国内外虚拟现实技术在心理疗愈与艺术疗愈中的使用存在一定的差异，具体表现在以下几个方面。

（一）技术应用程度

国外在虚拟现实技术的研发和应用方面相对领先，已经形成了比较完善的虚拟现实心理疗愈与艺术疗愈体系。许多国外心理治疗机构和研究机构都在使用最新的虚拟现实设备进行治疗和研究。相比之下，国内虚拟现实技术在心理疗愈与艺术疗愈中的应用还处于起步阶段，尚未形成成熟的体系。

（二）研究成果

国外对于虚拟现实技术在心理疗愈与艺术疗愈中的应用研究更为深入和系统，已经积累了大量的研究成果和临床案例。这些研究成果不仅在学术界具有广泛的影响力，也在临床实践中得到了普遍应用。相比之下，国内对于虚拟现实技术在心理疗愈与艺术疗愈中的应用研究还比较少见，需要进一步加强。

（三）专业人才

国外拥有大量经验丰富的心理治疗师、艺术疗愈师和技术人员，能够提供高质量的虚拟现实心理疗愈与艺术疗愈服务。相比之下，国内在这方面的专业人才相对匮乏，需要加强相关人才的培养和引进。

（四）设备与资源

国外在虚拟现实设备和资源方面的投入更为充分，能够提供更先进、更完善的设备和资源支持。相比之下，国内在这方面的投入还比较有限，需要增加对虚拟现实技术的投资和支持。

总之，国内外虚拟现实技术在心理疗愈与艺术疗愈中的应用研究发展存在一定的差异，国外处于相对领先地位，国内仍需加大研究和应用力度，以提升虚拟现实技术在心理疗愈与艺术疗愈中的应用水平和效果。随着技术的不断发展和完善，相信国内虚拟现实艺术疗愈会取得更大的突破和进步。

二、虚拟现实交互式体验的特点

虚拟现实交互式体验是一种通过虚拟现实技术让用户参与其中的交互体验方式。这种方式可以让用户感觉自己置身于一个虚拟的环境中，可以与环境中的物体或者其他元素进行互动，从而获得沉浸式的体验。在这种体验中，用户通常会通过头戴式显示器和手持设备等来与虚拟环境进行交互，可以通过手势、语音或者远程控制等方式进行操作。这种交互式体验可以应用于各种领域，如教育、娱乐、体育等，为用户带来全新的体验和学习方式。这种交互方式具有以下特点。

（一）沉浸感体验

用户在虚拟环境中会有身临其境的感受，这就是沉浸感体验。由于虚拟环境可以模拟现实世界的各种场景和物体，用户在其中会感觉自己置身于一个逼真的世界中，增强了参与感和体验感。

沉浸感是交互式体验中最为重要的特点之一，它可以对用户的身心和五感产生影响。

1. 情绪体验

在虚拟现实环境中，用户可能会经历强烈的情绪体验，如兴奋、恐惧、愤怒等。例如，在一款恐怖主题的虚拟游戏中，用户身临其境地感受到恐怖氛围，可能会产生真实的恐惧感，以致心跳加快、汗流浃背。

2. 认知影响

沉浸在虚拟环境中会影响用户的认知过程。例如，在虚拟实验室中进行实验时，用户可能会感觉实验环境和实验对象都是真实存在的，从而影响其对实验结果的认知和解释。

3. 身体感觉

虚拟现实技术可以模拟各种身体感觉，如触觉等。例如，在一款模拟滑雪的虚拟游戏中，用户可能会感觉到风吹在脸上、雪花落在身上的真实感觉，增加了体验的真实感。

4. 行为反应

沉浸在虚拟环境中会影响用户的行为反应。例如，在一款模拟高空跳伞的虚拟游戏中，用户可能会产生真实的高空恐惧感，从而影响其在虚拟环境中的行为表现。

5. 感知体验

在虚拟环境中的视觉、听觉等感知体验可以让用户感觉自己置身于一个逼真的环境中。例如，在一个模拟夏季海滩的虚拟场景中，用户可以听到海浪声、感受到阳光的温暖，增强了对夏日海滩的身临其境感受。

总体来说，沉浸感体验对于用户的身心和五感都具有深远的影响，可以让用户获得一种全新的、逼真的体验感受。

（二）自由度

用户可以在虚拟环境中自由移动和操作，这就是自由度。与传统的媒体如电视、电影等相比，虚拟交互式体验可以让用户更加自由地探索虚拟环境，与环境中的各元素以及其他用户进行互动，增强了参与感和体验感。

1. 生理需求

在虚拟体验中，用户可以借助头部追踪或者手柄等设备自由移动，这种身体活动可以促进血液循环、增强肌肉力量，有助于缓解长时间坐姿带来的不适感，进而满足用户的生理需求。

2. 认知锻炼

在自由探索的过程中，用户需要观察、思考、决策，这种认知活动可以锻炼大脑的认知功能，提高用户的观察力、思维能力和反应速度。

3. 心理放松

自由探索虚拟环境可以让用户远离现实生活的压力和焦虑，享受沉浸式的体验，有助于放松身心，减轻压力。

4. 体验逼真感

自由探索让用户能够更加全面地体验虚拟环境，触碰、移动、交互等操作都增强了对虚拟环境的真实感受，使体验更加丰富。

5. 情感体验

通过与虚拟环境中的物体、场景或者其他用户互动，用户可以产生各种情感体验，如快乐、兴奋、惊喜等，丰富了情感体验的层次。

总体来说，自由探索可以让用户在虚拟环境中获得更加自由、真实和丰富的体验，对身心和五感都有积极的影响。

（三）实时性

实时性是指用户可以实时地与虚拟环境进行交互。虚拟环境可以根据用户的操作和反馈实时调整，使用户感觉自己对环境有一定的控制权，增强了交互的真实感和趣味性。

1. 控制感

用户可以实时地控制虚拟环境中的物体和场景，例如通过手柄或手势控制角色的移动、动作等，这种实时的控制感让用户感觉自己对虚拟环境有一定的控制权，增强了参与感和体验感。

2. 反馈效果

虚拟环境可以根据用户的操作和反馈实时调整，例如，用户在虚拟环境中行走时，环境中的景物会随着用户的移动而变化，这种实时的反馈效果增加了用户对环境的感受的真实程度。

3. 认知挑战

实时性也可以强化用户的认知挑战，例如在一个需要实时反应和决策的游戏中，用户需要根据虚拟环境的变化给出相应的反馈，增强了认知训练的效果。

4. 身体协调

实时性要求用户在虚拟环境中进行各种身体活动和操作，这可以促进身体协调能力的提高，对身体健康有益。

5. 情感体验

实时性也可以增加用户的情感体验，例如，在一个与其他用户实时互动的虚拟社交场景中，用户可以感受到与他人实时互动的乐趣。

总体来说，实时性让用户与虚拟环境的交互更加真实和有趣，对身心和五感都具有积极的影响。

（四）个性化

用户可以根据自己的喜好和需求定制虚拟环境。在虚拟现实技术的帮助下，用户可以在虚拟环境中创建自己喜欢的场景和物体，与其他用户进行分享和交流，这样就增强了个性化体验的可能性。个性化是虚拟交互式体验的一个重要特点。

1. 情感表达

通过个性化定制虚拟环境，用户可以表达自己的情感，张扬自己的个性。例如，用户可以在虚拟环境中创建自己喜爱的场景，创作艺术作品，用于表达自己的情感和审美观。

2. 情感共鸣

个性化定制的虚拟环境可以让用户产生情感共鸣。例如，在一个模拟家庭生活的虚拟环境中，用户可以根据自己的家庭经历和情感需求来定制家庭成员和家庭场景，这样一来就增强了对虚拟环境的情感投入。

3. 认知启发

个性化定制的虚拟环境可以启发用户的认知。例如，在一个模拟历史场景的虚拟环境中，用户可以根据自己的兴趣和需求选择特定的历史事件和人物，从而增强对历史知识的认知和理解。

4. 社交互动

个性化定制的虚拟环境可以促进社交互动。例如，在一个虚拟社交平台中，用户可以根据自己的兴趣和爱好选择加入特定的社交群体或者参与特定的活动，与志同道合的人进行交流和互动。

5. 心理疏导

个性化定制的虚拟环境可以用于心理疏导。例如，在一个虚拟放松场景中，用户可以根据自己的需求选择特定的放松音乐和放松景观，从而达到放松心情和缓解压力的目标。

总体来说，个性化可以让用户根据自己的需求和喜好定制虚拟环境，增强体验的个性化和参与感，对身心和五感都具有积极的影响。

（五）教育性

教育性是虚拟交互式体验的重要特点之一，是指虚拟交互式体验可以被广泛应用于教育领域。通过虚拟环境，用户可以模拟各种学习场景和实验环境，进行沉浸式学习，增加学习兴趣，培养他们的观察力、分析能力和跨学科学习能力。

教育性是虚拟交互式体验的一大优势，以下几个方面可以说明教育性对身心或五感的影响或作用。

1. 实践机会

在虚拟环境中，用户可以获得更多的实践机会。例如，在进行化学实验时，学生可以通过虚拟实验室进行实验，避免了真实实验可能带来的安全隐患，同时可以反复实践直至掌握实验技能。

2. 培养观察力

通过虚拟环境中的模拟场景，用户可以观察和分析各种现象和情况，培养观察力和分析能力。例如，在学习生物学时，学生可以观察虚拟动物的生长过程，了解其生长环境，从而加深对生物学概念的理解。

3. 跨学科学习

虚拟环境可以模拟各种学科的场景和情境，帮助用户进行跨学科学习。例如，在学习历史时，学生可以通过虚拟历史场景了解历史事件的背景和影响，结合地理、文学等学科知识进行综合学习。

4. 兴趣培养

通过沉浸式的虚拟学习体验，用户可以更加深入地了解各学科内容，培养学科兴趣。例如，通过虚拟旅游可以让学生了解不同地区的文化和风土人情，增强对地理、历史等学科的兴趣。

5. 反馈及时

在虚拟环境中，用户可以立即获得对其行为和决策的反馈，帮助他们及时调整学习策略，提高学习成绩。例如，在虚拟数学教室中，学生可以通过互动方式解决数学问题，系统会立即给出反馈，帮助他们理解和掌握数学知识。

总体来说，虚拟交互式体验是一种具有沉浸感、自由度、实时性、个性化和教育性的交互模式，为用户带来了全新的体验和学习途径。它的综合优势在于能够为用户带来全方位的身心体验的提升，对个体的成长和发展具有重要意义。

第二节　虚拟现实下艺术疗愈的优势

虚拟现实交互在心理疗愈中的作用是多方面的，尤其是在结合艺术疗愈方面优势最大。首先，虚拟现实技术可以提供一种安全、受控的环境，让参与者通过艺术创作或者体验来表达内心感受，从而促进不良情绪的释放和情感的调节，这对心理疗愈非常重要。其次，虚拟现实技术交互可以创造身临其境的体验，帮助参与者更好地认识自己的情绪和需求，从而增强自我意识和自我理解，对心理问题的处理和身心健康的促进都具有积极意义。

在国内外，艺术疗愈已经成为一种被广泛接受和应用的心理疗法，而虚拟现实技术在艺术疗愈领域的应用也逐渐受到关注。虚拟现实技术在大学生艺术疗愈中具有许多优势。

提供沉浸式体验：虚拟现实技术可以创造逼真的虚拟环境，使参与者感觉身临其境。这种沉浸式体验有助于大学生放松身心，增强情感体验，从而更好地理解和表达自己的内在世界。

提供创作自由：虚拟现实技术可以提供丰富多样的艺术创作工具和媒介，使参与者可以在虚拟空间中自由地发挥想象力，创作出满足自己内心需求的作品，这对心理疗愈具有重要意义。虚拟现实技术还可以通过模拟自然环境或者创造虚拟角色来提供情感支持，帮助参与者建立更健康的情感连接和关系，对于大学生的心理健康和社交能力都具有积极影响。

增强治疗效果：虚拟现实技术可以结合传统的艺术疗愈方法，如绘画、雕塑等，起到增强治疗效果的作用。通过在虚拟环境中进行艺术创作和体验，参与者可以更加深入地探索和处理自己的情感和心理问题。虚拟现实技术可以通过模拟治疗情境和场景，提供更直观、更具体的治疗服务，帮助参与者更好地理解和处理心理问题，加速心理康复。虚拟现实技术还可以结合心理治疗方法，如认知行为疗法或者暴露疗法，提供个性化、有效的治疗方案，帮助大学生应对各种心理挑战，提升心理健康水平。

个性化的治疗方案：虚拟现实技术可以根据参与者的个性特点和治疗需求，提供个性化的艺术疗愈方案。同样，大学生可以根据自己的喜好和需求，在虚拟环境中选择适合自己的艺术创作方式和内容，从而更好地实现个性化治疗。

跨越地域限制：虚拟现实技术可以让参与者在任何地点都能够进行艺术疗愈体验，不受时间和空间的限制。这对于那些无法到达传统艺术疗愈场所的人群，尤其是大学生来说具有重要意义。

总体来说，虚拟现实技术在艺术疗愈中的优势包括提供沉浸式体验、创作自由、增强治疗效果、提供个性化治疗方案和跨越地域限制等方面。这些优势使得虚拟现实技术成为一种强大的工具，帮助人们更好地通过艺术来促进心理健康和康复。

第三节　虚拟交互体验下大学生心理互助支援空间的设计定位

一、马斯洛需求层次理论

马斯洛提出了著名的“需求层次理论”，他认为人类的需求可以分为五个层次，按照重要性依次排列为生理需求、安全需求、社交需求、尊重需求和自我实现需求。这些需求被称为马斯洛的“需求金字塔”。

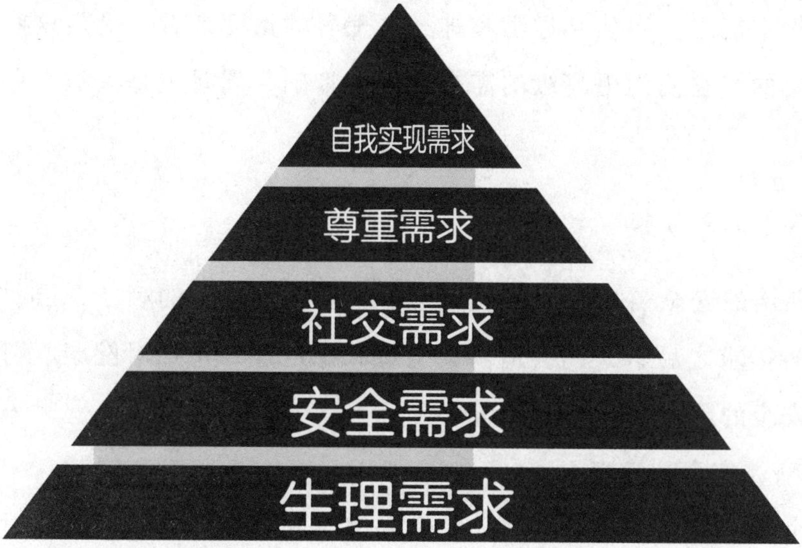

马斯洛层次理论的“需求金字塔”

（一）生理需求

当谈论马斯洛的生理需求时，我们必须了解他的需求层次理论，这是心理学中一个经典的概念。根据这个理论，人类的需求被分为不同的层次，从基本的生理需求到最高级的自我实现需求。生理需求位于这个层次理论的最基本层次。它包括人类基本的生存需求，例如食物、水、空气、睡眠和性欲。这些需求是人类生存和繁衍的基础，因此在理论中被放置在最底层，即“需求金字塔”的底部。从心理学的角度来看，生理需求对于个体的生存和健康至关重要。如果这些基本的生理需求没有得到满足，那么其他更高层次的需求更难得到满足。例如，如果一个人饥饿或者口渴，他们很难集中精力去追求更高级的需求，如安全需求或者社交需求。生理需求也与神经生理学有关。人类的大脑和身体需要足够的营养和能量来正常运作。食物提供了身体所需的能量，水分维持了体液平衡，睡眠有助于身体恢复和大脑记忆的巩固。作为生殖的一部分，生理需求是保持物种繁衍的生物本能之一。从心理学和神经生理学的角度来看，满足这些需求是至关重要的，它们为更高级的需求提供了基础，同时也是人类生存和健康的基石。

（二）安全需求

马斯洛的安全需求是他所提出的需求层次理论中的第二个层次，在满足了生理需求之后，人们会追求安全感和稳定性，包括对健康、财物安全和身体安全的需求。

1. 身体安全和健康

安全需求首先涉及对身体的安全和健康的关注。这包括个体对于避免生命遭受威胁、疾病和身体伤害的渴望。从心理学的角度来看，人们渴望身体的安全和健康是因为这些因素直接影响到他们的生存和生活质量。当人们感到身体上的威胁时，他们的焦虑水平就会升高，影响到他们的心理健康和幸福感。

2. 经济安全

除了身体安全外，安全需求还涉及经济方面的安全感。这包括了个体对于稳定的工作、收入来源和经济资源的渴望。心理学角度认为，经济安全感可以为个体提供对于未来的安全感，减少他们对于未知风险的焦虑和担忧。

3. 社会安全

社会安全是安全需求的一个重要方面。包括对于社交关系的信任、归属感和安全感的渴望。心理学研究表明，社会支持和良好的人际关系对于个体的心理健康和幸福感至关重要。当个体感到在社会上被接受和支持时，他们会更容易建立起安全感和自信心。

4. 环境安全

最后，安全需求还涉及对于周围环境的安全感，包括个体对于居住环境、社区和国家的安全需要。心理学专家认为，当个体感到身处一个安全和稳定的环境中时，他们更容易放松心情，专注于个人成长和发展。

（三）社交需求

马斯洛的社交需求是需求层次理论中的第三个层次，位于安全需求之上。社交需求涉及个体对于人际关系、归属感和社会认可的渴望。

1. 人际关系的重要性

社交需求强调个体与他人之间的联系和关系的重要性。从心理学的角度来看，人类是社会性动物，有与他人交往和互动的基本需求。人际关系不仅提供了情感支持和交流的平台，还能满足个体的自我认同感和归属感。

2. 归属感的渴望

社交需求包括个体对于归属感的渴望，即被他人接受和认同的愿望。心理学研究表明，归属感对于个体的心理健康和幸福感至关重要。当个体感到被社会群体所接受和认同时，他们会觉得更加满足和幸福。

3. 社会认可的重要性

社交需求还涉及个体对于社会认可和尊重的渴望。人们往往希望在社会中获得他人的认可和赞赏，这种认可可以来自朋友、家人、同事以及社会大众。心理学专家认为，社会认可对于个体的自尊心和自信心具有重要的影响，能够促进个体的成长和发展。

4. 社会交往的益处

社交需求还强调了社会交往对于个体心理健康的积极影响。研究表明，积极的人际关系可以减轻压力、改善情绪状态，促进个体的心理成长和发展。因此，满足社交需求不仅能够给个体带来幸福感，还能够促进社会的和谐与稳定。

总体来说，马斯洛的社交需求强调了个体对于人际关系、归属感和社会认可的渴望。从心理学专业的角度来看，这些需求对于个体的心理健康和幸福感具有重要意义，因此建立积极的人际关系和社会网络对于个体的整体发展至关重要。

（四）尊重需求

马斯洛的尊重需求是他提出的需求层次理论中的第四个层次，位于社交需求之上。尊重需求涉及个体对于自尊、尊重和成就感的渴望。

1. 自尊和自尊感

尊重需求首先涉及个体对于自尊和自尊感的渴望。自尊是指个体对自己价值和能力的评价以及对自身的尊重和肯定。心理学研究表明，良好的自尊感对于个体的心理健康和幸福感至关重要。当个体拥有合理的自尊感时，他们更容易建立起积极的人际关系，应对挑战和压力，并追求个人成长和发展。

2. 尊重和尊重他人

尊重需求还涉及个体对于他人的尊重和自身被尊重的渴望，包括个体希望被他人认可、尊重和重视，同时也包括个体对于他人的尊重和尊重他人的权利和感受。心理学专家认为，尊重是人际关系中至关重要的因素之一，能够促进合作、理解和互助，从而促进社会的和谐与稳定。

3. 成就感和开发自我潜力

尊重需求还涉及个体对于成就感和开发自我潜力的渴望。成就感是指个体通过实现自己的目标和追求所获得的满足感和成就感。心理学研究表明，追求个人目标和开发自我潜力对于个体的心理健康和幸福感具有重要意义。当个体能够实现自己的理想和抱负时，他们会感到更加满足和幸福。

（五）自我实现需求

马斯洛的自我实现需求是他所提出的需求层次理论中的最高层次，位于尊重需求之上。自我实现需求涉及个体对于追求个人目标和寻求个人成就的渴望。

1. 追求个人目标和理想

自我实现需求中最重要的一部分，便是个体对于追求个人目标和理想的渴望，它包括个体对于实现自己的梦想、追求个人理想和抱负的渴望。

心理学专家认为，个体在追求个人目标的过程中能够获得自我满足感和成就感，从而促进个体的心理健康和幸福感的提升。

2. 发展个人的能力

自我实现需求还涉及个体对于发展自身能力和实现个人突破的渴望，包括个体对于不断学习、成长和提升自己的愿望。心理学研究表明，个体在不断发展自身能力的过程中能够获得满足感和成就感，从而提升自尊和幸福感。

3. 追求创造性表达与个性发展

自我实现需求还涉及个体对于创造性表达和个性发展的渴望，包括个体对于通过创造性活动和个人兴趣来表达自己的独特性和个性的愿望。心理学认为，创造性表达对于个体的心理健康和幸福感具有重要意义，能够促进个体的自我实现和个人成长。

4. 追求自我满足

最后，自我实现需求涉及个体对于追求自我满足和内在平衡的渴望，包括个体对于在生活中寻找意义和目的的渴望以及对于实现内心平衡和和谐的愿望。心理学专家认为，个体在追求自我实现的过程中能够获得更深层次的满足感和幸福感，从而提升整体生活质量。

二、基于马斯洛需求理论开发虚拟现实产品的设计理念

我们可以将马斯洛的需求层次理论作为设计产品的理论基础，以满足大学生不同层次的需求为目标。从基本的生理需求、安全需求、社交需求、尊重需求到自我实现需求，产品设计应该全面考虑，以实现全方位的心理疗愈目的。

1. 个性化和可定制化的体验

虚拟现实产品设计应该允许用户根据自己的需求和偏好进行个性化定制。通过智能算法和用户反馈，产品可以根据用户的心理特征和个人需求提供定制化的心理疗愈体验，以更好地满足用户的需求。

2. 情感连接和社交支持

虚拟现实空间产品应该致力于构建情感连接和社交支持的环境。通过虚拟现实技术，用户可以与他人进行情感交流并获得支持，建立起良好的人际关系和社会支持网络，从而满足社交需求和尊重需求。

3. 创造性表达和艺术疗愈

虚拟现实产品设计应该融合艺术疗愈的理念，提供创造性表达和艺术体验的平台。用户可以通过虚拟现实技术进行艺术创作和表达，以释放消极情绪、缓解压力，达成自我实现的愿望。

4. 追求个人意义和内在平衡

虚拟现实空间产品设计应该帮助用户追求个人意义和内在平衡。通过提供心灵冥想、内省反思和心理训练等服务，产品可以引导用户探索内心世界，寻找生活的意义和目标，满足自我实现的需求。

马斯洛的需求层次理论提供了一个深入理解人类需求的理论基础，为我们设计大学生心理疗愈的虚拟现实空间产品提供了重要的参考。

三、黄金圈法则

黄金圈法则是由西蒙·西奈克（Simon Sinek）提出的概念，该法则给出了在商业管理领域中的关键因素。西蒙对于一些组织或者个人能够取得成功的原因进行深入的思考和分析，最终得出结论。该法则的核心在于回答三个基本问题，即“为什么”“怎么做”以及“做什么”。

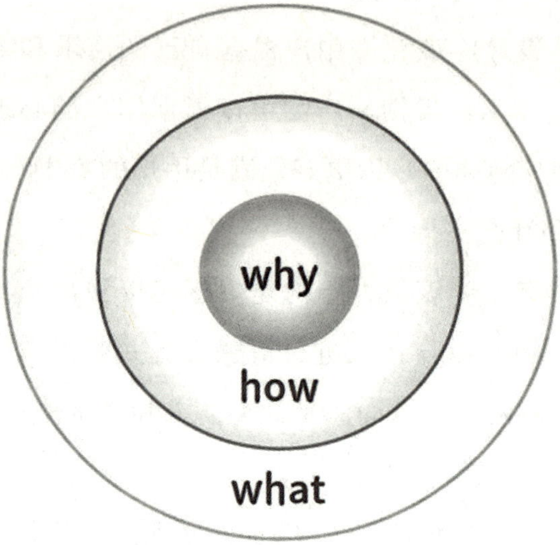

黄金圈法则展示图

1. 为什么

这个问题是指组织或者个人的核心信念、目标和动机。通过深入探究为什么要做某事，人们能够更好地认识自己的使命和价值观，并以此作为行动的动力。

2. 怎么做

这一问题是指实现目标的方法和策略。一旦确定了为什么，就需要考虑如何去实现这一目标。这需要组织或个人制订有效的计划、采取适当的行动，并利用适合的资源和技术来实现目标。

3. 做什么

这个问题是指具体的行动和结果。在确定了为什么和怎么做之后，就需要明确具体的行动计划和目标，以达成预期的效果。

这种思维逻辑强调了从内向外的思考方式，即从核心信念和价值观出发，逐步确定行动计划和目标。通过应用黄金圈法则，组织和个人能够更好地理解自己的目标和使命，并采取更有针对性和有效的行动来实现这些目标。在产品设计和开发中，黄金圈法则的重要意义在于帮助人们更好地认识和定位他们的产品，以保持持续的市场竞争优势。

首先，我们来看“为什么”。这个问题涉及创作者的使命、愿景和核心价值观。在明确产品开发的目的和意义的基础上，可以建立起更加深入的品牌认同感，并吸引与之价值观相符的目标客户群体。在产品设计阶段，理解产品存在的重要性有助于确保其在市场上的独特性和可持续性。

其次，是“怎么做”。这一问题涉及产品的特性、功能和技术实现。在产品设计和开发过程中，确保产品的功能和特性与目标客户群体的需求相匹配是至关重要的。只有采用创新的设计思维和技术手段，才可以打造出具有吸引力和竞争力的产品，进而提升市场份额和用户体验。

最后，是“做什么”。这个问题涉及产品的具体表现形式和市场定位。在产品开发的最后阶段，企业需要考虑如何将产品推向市场，并与竞争对手的产品区分开来。通过制订和开发有效的营销策略和销售渠道，可以最大限度地开发产品的潜力，实现商业目标。

总之，黄金圈法则在产品设计和开发中的重要意义在于帮助创意者明确品牌定位和市场竞争优势。通过回答“为什么”“怎么做”和“做什么”这三个核心问题，产品设计者可以更好地理解和满足客户需求，从而长期实现商业成功。

四、产品开发思路

在进行产品开发前，首先要了解相关产品开发需要具备的整体思路，按照以下过程思路，可以有效地进行产品前期定位开发，确保产品在市场上获得成功。

（一）市场调研与需求分析

深入了解目标市场，包括目标用户群体、竞争对手、市场趋势等，分析用户需求和痛点，为产品定位和功能设计提供依据。

1. 目标用户群体

虚拟现实艺术疗愈的目标用户群体包括但不限于以下几类人群：有焦虑、抑郁等心理问题的个体，希望通过艺术疗愈来消除消极情绪；对艺术感兴趣的人群，希望通过虚拟现实技术更深入地体验艺术作品；需要在家中进行心理疗愈的个体，如老年人、残障人士等。

2. 竞争对手分析

目前市场上已有一些公司提供与虚拟现实艺术疗愈相关的产品和服务，主要竞争对手包括：提供虚拟艺术创作工具的公司，如Tilt Brush、Medium等；提供虚拟现实心理疗愈服务的公司，如Psious、Oculus等；提供虚拟现实环境的艺术展览的公司，如VIVE Arts等。

3. 市场趋势

未来虚拟现实艺术疗愈市场的发展趋势主要有三个方向：技术不断进步，虚拟现实设备的性能不断提升，为用户提供更加逼真、沉浸式的艺术疗愈体验；个性化、定制化服务成为市场主流，满足用户不同的心理需求；跨界合作增加，艺术机构、心理健康机构、科技公司等会更多地合作，推动虚拟现实艺术疗愈市场的发展。

4. 用户需求和痛点分析

从用户的角度出发，他们在寻找艺术疗愈产品时主要关注以下几个方面：艺术作品的质量和丰富程度，用户希望体验到高质量、多样化的艺术作品；VR技术的流畅性和易用性，用户希望能够轻松地进入虚拟环境进行艺术创作或者欣赏；个性化定制服务的可选性，用户希望能够根据自己的需求和偏好定制艺术疗愈体验。

（二）制订产品策略

根据市场调研结果，制订产品的定位、目标和策略，包括产品特点、核心竞争力、定价策略等，确保产品在市场中有足够的竞争力。

1. 产品定位

定位于搭建满足大学生心理健康需求的虚拟现实艺术疗愈平台。通过艺术疗愈帮助大学生缓解焦虑、抑郁等心理问题，提升其心理健康水平。

2. 产品目标

吸引大学生群体，帮助他们通过艺术疗愈缓解学习压力、人际关系问题等。提供一个崭新、有趣、有效的心理健康解决方案，与大学生的生活和学习密切相关。

3. 策略与核心竞争力

提供与大学生生活相关的艺术作品，如校园风景、学习场景等，以增强用户的情感共鸣。同时，提供满足大学生心理健康需求的个性化定制服务，如针对学业压力、人际关系问题等的专门疗愈方案。还要考虑艺术作品的相关性和共鸣度、个性化定制服务的针对性和专业性、虚拟现实技术的流畅性和沉浸感。考虑到大学生群体的经济状况，可以采用价格亲民的定价策略，如学生折扣或者包月服务，以提升产品的市场吸引力。通过以上产品策略，我们可以为大学生提供一种有效的心理健康解决方案，满足其心理疗愈需求，同时确保产品在市场中具有足够的竞争力。

（三）需求收集和管理

与各方沟通，收集并整理各类需求，包括用户需求、业务需求、技术需求等，确保产品能够满足各方需求。

1. 用户需求收集

用户调研：通过问卷调查、深度访谈等方式，了解大学生的心理健康问题、需求和偏好。

用户体验测试：邀请一些大学生参与体验现有的虚拟现实艺术疗愈产品，并收集他们的意见和建议。

2. 业务需求收集

与心理健康专家合作：与心理健康中心或者专业机构合作，了解与大学生心理健康问题相关的专业看法和需求。

参考相关研究和文献：查阅相关心理学、教育学等领域的研究文献，了解大学生心理健康问题的最新研究成果和需求。

3. 技术需求收集

与虚拟现实技术专家合作：与虚拟现实技术专家合作，了解当前虚拟现实技术的最新发展和应用，以及如何将其应用于心理艺术疗愈空间的设计中。

评估现有技术可行性：评估当前可用的虚拟现实技术和设备是否能够满足大学生心理疗愈需求，是否能够提供足够的沉浸感和交互体验。

4. 需求管理

需求分类和优先级排序：将收集到的各类需求进行分类和优先级排序，以便产品设计和开发更有针对性。

需求跟踪和更新：建立需求跟踪系统，及时更新需求，确保产品在开发过程中能够持续地满足各方需求。

通过以上方法，可以全面地收集和管理大学生心理疗愈的虚拟现实体验感的心理艺术疗愈空间的需求，确保产品能够有效地满足用户、业务和技术需要。

（四）产品规划与设计

根据市场需求和产品定位，进行产品规划和设计，包括产品功能、界面设计、用户体验等，确保产品具有良好的体验感和易用性。

1. 用户需求分析

用户需求分析：根据用户调研和反馈，确定大学生的心理疗愈需求，包括情绪管理、压力释放、情感表达等。

业务需求分析：结合心理健康专家的建议，确定产品应具备的心理疗愈功能和效果。

2. 功能设计

情感共鸣功能：提供与大学生生活和学习相关的艺术作品，如校园风景、学习场景等，增强用户的情感共鸣。

心理疏导功能：针对大学生常见心理问题进行疏导和引导，如压力管理、情绪调节等。

创意表达功能：提供艺术创作工具和平台，让用户通过绘画、雕塑等方式表达内心情感。

3. 界面设计

简洁清晰：界面设计简洁明了，易于操作。

符合心理疗愈理念：界面色彩和布局应遵循心理疗愈的原则，能够带来放松和舒适的感觉。

4. 用户体验设计

交互设计：设计简洁明了的交互方式，如手势控制、头部追踪等，增强用户的沉浸感。

反馈机制：及时反馈用户的操作结果，提升用户的参与感和满足感。

5. 测试与优化

原型测试：制作初步原型进行用户测试，收集反馈意见。

迭代优化：根据用户反馈意见，不断优化产品功能和界面，提升用户的体验感和满意度。

通过以上方法，我们可以设计出符合大学生心理疗愈需求的虚拟现实体验感的心理艺术疗愈空间，确保产品具有良好的用户体验。

（五）团队协作与管理

与团队成员（包括设计师、开发人员、测试人员等）密切合作，协调各方资源，推动产品的顺利开发和上线。

1. 团队构建与组织

产品经理应当根据项目需求和团队规模，合理构建团队，并确保团队成员具备所需的技能和经验。确定团队的组织结构和角色分配，明确每个成员的职责和权限，建立高效的团队工作机制。

2. 有效沟通与协作

建立开放、透明的沟通渠道，确保团队成员之间能够及时分享信息、沟通需求和解决问题。促进跨职能团队之间的协作与交流，如设计师、开发人员、测试人员等，确保各方知悉项目目标和需求。

3. 项目规划与进度管理

制订清晰的项目规划和路线图，包括阶段性的目标、时间安排和资源分配，确保项目按时交付。使用项目管理工具跟踪任务和进度，及时发现并解决延误等问题，保证项目顺利推进。

4. 需求管理与优先级确定

与设计师、开发人员等密切合作，确保对需求的准确理解和有效传达。确定需求的优先级，根据项目目标和资源限制进行合理分配和调整。

5. 风险管理与问题解决

分析项目中的风险因素，制订应对策略和预案，降低风险对项目的影响。及时发现和解决项目中的问题并消除障碍，协调团队成员共同应对挑战，保证项目的顺利进行。

6. 质量保证与测试

确定质量标准和测试计划，确保产品符合用户需求及质量要求。与测试人员紧密合作，进行功能测试、性能测试和用户体验测试，及时发现问题并修复。

7. 用户反馈与迭代优化

收集用户反馈，包括功能需求、用户体验等，与设计师和开发人员共同分析和整理。根据用户反馈和市场变化，及时调整产品功能和界面，不断优化用户体验和产品价值。

（六）风险评估与管理

评估产品在开发过程中可能出现的风险，并制订相应的风险管理计划，确保产品开发顺利进行。

1. 识别潜在风险

产品经理应该与团队成员一起仔细分析项目，识别可能出现的各种风险。这些风险可能涉及技术、市场、法律法规、人力资源等多个方面。在虚拟现实技术开发中，技术风险可能包括硬件设备兼容性、性能限制、技术成熟度等；市场风险可能包括用户接受度、竞争态势等；法律法规风险可能涉及数据隐私、知识产权等。

2. 分析与评估风险

对每个识别出的风险进行评估，包括风险的概率和影响程度。可以使用风险矩阵或者其他工具来量化风险。确定哪些风险需要优先处理，并考虑其对项目进度、成本和质量的影响。

3. 制订风险应对策略

针对每个需要优先处理的风险，制订相应的风险应对策略。应对策略可能包括规避、转移、降低、接受等。对于技术风险，可以制订备用方案或者采取技术验证措施来降低风险；对于市场风险，可以进行市场调研和用户测试来降低不确定性。

4. 实施与监控

将制订的风险管理计划纳入项目计划中，确保团队成员了解并按照计划执行。定期监控项目进展和风险情况，及时调整风险管理策略，确保项目按照计划进行。

5. 应急预案和危机管理

针对可能发生的严重风险或者突发事件，制订应急预案，包括危机管理流程和沟通计划。建立应急响应团队，明确各成员的责任和行动方案，以便在危机出现时能够迅速、有效地应对。

6. 知识分享与学习

将风险管理过程纳入团队的知识库和经验总结中，以便未来项目能够借鉴和学习。定期组织项目回顾会议，总结项目中的风险管理经验和教训，持续增强团队的风险管理能力。

（七）市场推广与运营策略

制订产品的市场推广和运营策略，包括推广渠道、营销活动等，确保产品上线后能够迅速获得用户和市场的认可。

1. 市场调研与目标用户定位

进行市场调研，了解目标用户群体的特征、偏好和行为习惯，明确产品的市场定位。根据市场调研结果，确定目标用户的关键特征，包括年龄、性别、所在位置、兴趣爱好等，以便制订有针对性的推广和运营策略。

2. 品牌建设与宣传推广

制订品牌建设策略，包括品牌定位、品牌形象设计等，确立产品在目标用户心中的形象和认知。选择适合的宣传推广渠道，如社交媒体、行业论坛、线下活动等，进行品牌宣传和推广，提高产品的知名度和影响力。

3. 内容营销与社区建设

开展内容营销活动，创作相关内容并分享到各种平台，吸引目标用户的关注和参与。建立用户社区或者论坛，促进用户之间的交流和互动，提高用户黏性。

4. 建立合作伙伴关系

寻找合适的合作伙伴，包括内容提供商、渠道合作伙伴等，共同推广产品，扩大产品的影响范围。制订合作协议和计划，明确双方的责任和利益分配，确保合作的顺利进行。

5. 数据分析与优化策略

运用数据分析工具对推广和运营活动进行监测和评估，了解活动效果和用户反馈。根据数据分析结果，及时调整和优化推广和运营策略，提升活动效果和用户的参与度。

6. 用户反馈与产品改进

收集用户反馈，包括产品体验、功能需求等，及时进行分析和整理。根据用户反馈，不断优化产品功能和体验，提升产品的用户满意度和市场竞争力。

7. 持续监测市场动态与竞争动手的动向

持续监测市场动态和竞争对手的动向，了解市场变化和竞争态势。分析竞争对手的推广和运营策略，借鉴其成功经验，同时找出差异化竞争优势。

（八）用户反馈与优化

产品上线后，收集用户反馈并及时进行产品优化，不断改进产品，提升用户体验和产品价值。

1. 建立用户反馈机制

设计并实施多样化的用户反馈渠道，包括内置反馈按钮、用户调查问卷、社交媒体平台、用户论坛等，以便用户能够轻松地提供反馈意见，确保反馈渠道的便捷和畅通，鼓励用户分享意见、建议和问题，促进积极的互动和沟通。

2. 系统化收集与整理反馈信息

建立系统化的用户反馈收集和整理机制，确保及时、全面地收集用户反馈信息。将收集到的反馈信息进行分类、归纳和整理，明确用户的主要关注点和需求痛点，为后续的产品优化提供依据。

3. 数据分析与优先级确定

运用数据分析工具对用户反馈数据进行量化和分析，明确用户反馈的频率、趋势和优先级。根据数据分析结果，确定用户反馈中的重点和紧急问题，制订优先级处理方案，确保资源的有效分配和利用。

4. 团队合作与优化执行

与设计师、开发人员等跨职能团队成员密切合作，共同分析用户的反馈意见并制订优化方案。确定优化方案的具体实施计划和时间表，跟踪执行进度，确保优化措施能够及时落地并生效。

5. 持续改进与迭代优化

不断收集、分析和处理用户反馈，持续改进产品功能、界面设计和用户体验。采用敏捷开发的方法，定期发布更新版本，将优化措施快速迭代到产品中，保持产品的竞争力和用户满意度。

6. 用户参与与沟通回馈

主动回应用户的反馈意见，及时沟通优化措施和改进进展，建立良好的用户关系和口碑。鼓励用户参与产品优化，如举办用户体验测试、用户访谈等活动，增加用户对产品完善的参与感。

7. 市场监测与竞争产品分析

持续监测市场动态和竞争产品动向，了解竞争产品的优势和不足，为产品优化提供参考和启示。将竞争产品分析与用户反馈结合起来，找到产品改进的关键点和切入点，提升产品的竞争力和用户黏性。

五、产品内核及核心卖点

结合黄金圈法则和马斯洛的需求层次理论，从产品开发的角度来分析大学生心理互助支援空间产品的设计定位，我们可以得到以下产品内核和核心卖点：

（一）为什么

产品内核：解决大学生心理健康问题，提供情感支持和心理咨询服务，致力于缓解心理不适。

黄金圈法则强调产品的核心使命和价值观，而马斯洛的需求层次理论则提供了理论基础，强调满足人类基本需求对个体成长和发展的重要性。在大学生心理互助支援空间产品的设计定位中，为什么的问题核心在于解决大学生心理健康问题，包括心理压力和焦虑感。

探索核心卖点，具体包含以下内容。

1. 使命和价值观

产品的使命是帮助大学生形成积极的心理健康状态，促进其全面发展和个人成长。这一使命强调了产品的社会责任和价值，为大学生提供了一个解决心理健康问题的重要平台。

2. 情感支持和咨询服务

提供情感支持和心理咨询服务，为大学生提供一个安全、包容性强的环境，让他们能够愉快地分享自己的心理困扰和情感经历，得到专业的支持和指导。

3. 自我认知和情感表达

通过提供一个安全、包容性强的虚拟现实环境，激发大学生的自我认知和情感表达。这有助于大学生更好地了解自己的情感和需求，从而能够更有效地应对心理压力和焦虑感。

4. 提高心理抗压能力

产品设计旨在提高大学生的心理抗压能力，使他们能够更好地应对生活中的各种挑战和压力。通过虚拟现实技术的运用，用户可以身临其境地体验各种情境，从而增强自身的心理韧性和适应能力。

综上所述，大学生心理互助支援空间产品的设计定位强调解决心理健康问题，通过提供情感支持和心理咨询服务、激发自我认知、促进情感表达以及提高心理抗压能力，为大学生提供一个全面支持和帮助的平台，促进他们的心理健康和个人成长。

（二）怎么做

产品内核：采用虚拟现实技术和心理学理论，提供沉浸式的互动体验和个性化的心理支持服务。

探索核心卖点，具体包含以下内容。

1. 虚拟现实技术的应用

通过采用虚拟现实技术，用户可以身临其境地体验各种情境，从而更好地理解自己的情绪和需求。这种沉浸式的体验可以帮助用户更加直观地感受到情境中的压力和挑战，有助于加深他们对心理问题的认识。

2. 个性化的心理支持服务

产品提供多种情景模拟和心理训练，如情绪管理、压力释放、冲突解决等。这些情景模拟和心理训练可以根据用户的个性化需求进行定制，帮助他们有针对性地应对不同的心理挑战，提高心理健康水平。

3. 深入的心理学理论支持

产品的设计基于心理学理论，结合了情绪管理、认知行为疗法等多种心理学方法。这些理论支持确保了产品的专业性和有效性，使用户获得更好的体验。

4. 互动体验提升用户的参与度

产品提供互动体验，让用户不再被动地接受心理支持，而是可以积极参与到情景模拟和心理训练中去。这种参与度的提升可以增强用户的学习效果和应用效果，进而促进他们的心理健康和成长。

通过以上核心卖点的设计，产品能够提供一种崭新的、高效的心理支持服务，使大学生能够在虚拟现实环境中身临其境地体验各种情境，从而更好地了解自己的情绪和需求，并学会应对不同的心理挑战。这种个性化、沉浸式的心理支持服务有助于提高大学生的心理健康水平，促进其全面发展和个人成长。

（三）做什么

产品内核：设计交互式的心理互助平台，提供个性化的心理评估和定制化的心理支持方案。

探索核心卖点，具体包含以下内容。

1. 个性化的心理评估

产品提供个性化的心理评估，利用各种心理学测试和问卷调查，全面了解用户的心理状况和需求。这种评估为用户提供个性化的心理支持方案。

2. 智能化的推荐系统

产品具备智能化的推荐系统，能够根据用户的个性化需求和心理状态，为他们量身定制心理支持方案。通过智能学习和大数据分析，系统能够不断优化推荐结果，提供更加精准和有效的心理支持服务。

3. 交互式的虚拟角色和场景

用户可以通过虚拟角色和场景与系统进行互动。这种交互式设计使用户能够加更生动地体验心理支持过程，增强其参与感和投入度。用户可以通过与虚拟角色的互动，获得情感支持，促进自我认知和情感表达。

4. 实时的情感支持

用户可以获得实时的情感支持，无论是通过虚拟角色的语音对话还是系统的文字提示。这种即时的支持能够帮助用户更好地应对突然出现的心理问题和情绪波动，增强其心理抗压能力。

通过以上核心卖点的设计，产品提供个性化、智能化、交互式和实时的心理支持服务，帮助大学生更好地了解自己的心理状况和需求，并获得具有针对性的心理支持和建议。这种定制化的心理互助平台将为大学生提供一个全面、有效的心理支持系统，有助于提高其心理健康水平，促进个人的成长。

六、虚拟交互体验下艺术疗愈产品的设计

（一）产品设计

针对大学生的心理疗愈和艺术疗愈的虚拟空间产品设计，需要深入了解大学生的心理诉求，以便提供恰当的支持和帮助。以下是设计这样一个虚拟空间时的一些专业性强的需求和考虑。

1. 学业压力管理

虚拟空间应该提供与学业压力相关的心理支持和应对策略。例如，通过提供心理测试和评估，帮助大学生了解自己的学习压力来源和应对方式，并提供放松技巧。

2. 人际关系处理

虚拟空间应该帮助提供与人际关系问题相关的心理支持和应对方法。例如，提供与室友相处、复杂社交、人际冲突等相关的情景模拟，让大学生可以借助虚拟角色和场景进行互动，学习有效的沟通和解决问题的方法。

3. 情绪调节和压力释放

虚拟空间应该提供各种情绪调节和压力释放的工具和活动。例如，通过艺术创作、放松训练、冥想练习等方式，帮助大学生释放负面情绪、缓解压力，提升情绪的调节能力。

4. 自我探索和认知提升

虚拟空间应该提供促进大学生自我探索和认知提升的活动和资源。例如，提供心理学知识介绍、个人成长课程、自我反思工具等，帮助大学生深入了解自己的内在需求和潜力，并促进个人成长和发展。

5. 社交支持和群体互动

虚拟空间应该为大学生之间的社交支持和群体互动提供便利。例如，提供虚拟社区、在线论坛、共享经验的平台等，让大学生可以分享彼此的心得和经历，获得他人的理解和支持。

综上所述，心理疗愈和艺术疗愈的虚拟空间可以为大学生提供一个全方位、个性化的心理支持平台，帮助他们更好地应对学业压力、人际关系问题等挑战，提升其心理健康水平，促进个人成长和发展。

（二）视觉设计

心理疗愈和艺术疗愈虚拟空间的视觉设计需要充分考虑大学生的心理诉求和心理现状，以便提供恰当的支持和帮助。以下是设计这样一个虚拟空间产品时一些需要考虑的因素。

1. 色彩心理学

使用恰当的色彩是设计虚拟空间的关键，因为色彩可以直接影响用户的情绪。深入了解色彩心理学，选择适合心理疗愈和艺术疗愈的色彩，比如蓝色和绿色有助于放松和平静，紫色有助于提升创造力和想象力。

2. 界面设计与易用性

设计简洁清晰的用户界面，使用户能够轻松找到需要的资源。考虑大学生的心理特点，如注意力不集中和压力较大，可以设计简单直观的界面，减少视觉干扰和认知负担。

3. 情感表达和情绪导向

视觉设计应该能够契合用户的情感和情绪，与用户建立情感连接。采用柔和、温暖的色调和流畅的线条，营造出温馨、安全的氛围，让用户感受到被支持和被理解。

4. 融入艺术元素

将艺术元素融入虚拟空间产品的设计中，如美术作品、雕塑、音乐等，以提供多样化的艺术疗愈体验。考虑到大学生对艺术的喜爱和接受度，可以设计具有艺术感和美学价值的界面和元素。

5. 个性化定制

提供个性化定制的功能，让用户可以根据自己的喜好和需求调整界面的风格和主题。同时，考虑到大学生的多样性和个性化需求，可以设计灵活的界面和布局，允许用户自定义个性化设置。

6. 社交互动与共享

设计支持社交互动和共享的功能，让用户能够与他人分享自己的心情和创作。提供社交网络集成、评论功能等，促进用户之间的交流和互动，增强社区感和支持感。

综上所述，心理疗愈和艺术疗愈虚拟空间的视觉设计需要深入了解大学生的心理诉求和心理现状，借助色彩心理学、情感导向设计、艺术元素融入等专业手段，为用户提供一个合适的视觉环境。

（三）声音设计

心理疗愈和艺术疗愈的声音设计需要充分了解大学生的心理诉求和现状，以提供恰当的支持和帮助。以下是设计这样一个虚拟空间产品时一些需要考虑的因素。

1. 音频内容的选择

根据大学生的心理诉求和心理现状，选择适合的音频内容，如自然声音、冥想指导、放松音乐等。这些音频内容应该有助于放松心情、缓解压力，帮助大学生调节情绪。

2. 声音环境的营造

设计出温馨、安静和具有安全感的声音环境，营造出有利于心理疗愈和艺术疗愈的氛围。采用柔和、舒缓的声音，如自然的鸟鸣、水流声等，让大学生感受到放松和平静。

3. 声音的情感表达

通过声音的情感表达，传达出支持、理解和关怀。声音设计应该能够引起用户的情感共鸣，让他们感受到被理解和被关心，促进负面情绪的释放。

4. 声音导航和引导

设计声音导航和引导，帮助大学生更好地使用虚拟空间提供的资源。声音导航应该简洁清晰，能够有效地引导用户进行心理疗愈和艺术疗愈，减少认知负担和困惑。

5. 声音与艺术结合

将声音与艺术元素结合起来，为大学生提供更加丰富的艺术疗愈体验。例如，在放松音乐中融入自然声音，或者配合艺术创作活动提供相应的音频指导，增强艺术创作的愉悦感。

6. 个性化声音体验

提供个性化定制的声音体验，让用户可以根据自己的喜好和需求调整声音设置。考虑到大学生的多样性和个性化需求，设计灵活的声音选项和设置，满足不同用户的需求和偏好。

心理疗愈和艺术疗愈的虚拟空间的声音设计需要充分考虑大学生的心理诉求，选择合适的音频内容和声音环境，通过声音的情感表达和引导，为大学生提供合适的声音支持和帮助，强化心理疗愈和艺术疗愈的效果。

（四）触觉设计

心理疗愈和艺术疗愈的触觉设计需要充分了解大学生的心理诉求和现状，以提供恰当的支持和帮助。以下是设计这样一个虚拟空间产品时一些需要考虑的因素。

1. 触感体验的舒适性

设计触感体验时，需要考虑舒适性因素，确保触摸表面的材质和质地舒适柔软，不刺激皮肤，能够提供愉悦的触感体验。

2. 情感表达的触觉符号

选择触觉符号和手感元素，以传达情感支持和理解。比如，柔软的材质可以代表安抚和温暖，光滑的表面可以代表平静和放松，让大学生通过触摸感受心理疗愈的效果。

3. 触觉导航和引导

利用触觉体验进行导航和引导，帮助大学生更好地使用虚拟空间产品的资源。例如，设计触摸式交互界面，通过不同的触觉反馈指引用户进行心理疗愈和艺术疗愈。

4. 触觉创意和艺术体验

提供触觉创意和艺术体验，让大学生通过触摸感受到艺术的美妙和愉悦。例如，设计触摸式艺术创作工具，让用户可以通过触摸来创作美术作品或者雕塑作品，增强艺术疗愈的体验感和效果。

5. 触感的个性化设置

提供个性化的触感设置，让用户可以根据自己的喜好和需求调整触摸体验。考虑到大学生的多样性和个性化需求，设计灵活的触感选项可以满足不同用户的需求和偏好。

6. 设计触觉社交互动工具

设计支持触觉社交和共享的功能，让用户能够与他人分享触摸体验和创意作品。提供触摸式社交互动工具，促进用户之间的交流和互动，增强支持感。

心理疗愈和艺术疗愈虚拟空间的触觉设计需要充分考虑大学生的心理诉求和心理现状，选择适合的触感符号和材质，通过触摸体验传达情感支持，为大学生提供合适的触觉支持和帮助，强化心理疗愈和艺术疗愈的效果。

（五）嗅觉设计

心理疗愈和艺术疗愈的嗅觉设计需要深入了解大学生的心理诉求和心理现状，以提供恰当的支持和帮助。以下是设计这样一个虚拟空间产品时一些需要考虑的因素。

1. 嗅觉的情感表达

选择适合的香气和气味，以传达情感支持。不同的香气可以诱发不同的情绪，如薰衣草可以让用户感觉放松和安宁，柠檬可以带来清新和活力，根据大学生的心理需求选择适合的嗅觉刺激。

2. 气味环境的营造

设计出舒适、安静和具有安全感的气味环境，营造出有利于心理疗愈和艺术疗愈的氛围。确保使用天然、纯净的香气，避免使用过于刺激或者人工合成的气味。

3. 嗅觉导航和引导

利用嗅觉体验进行导航和引导，帮助大学生更好地使用虚拟空间产品的资源。设计嗅觉导航系统，通过香气种类和浓度的变化来引导用户进行心理疗愈和艺术疗愈。

4. 嗅觉创意和艺术体验

提供嗅觉创意和艺术体验，让大学生通过嗅觉感受艺术的美妙。例如，设计香气盲测活动，让用户通过嗅觉来判断不同香气的来源和意义，增强艺术疗愈的体验感和效果。

5. 个性化嗅觉体验

提供个性化定制的嗅觉体验，让用户可以根据自己的喜好和需求调整香气的种类和浓度。考虑到大学生的多样性和个性化需求，设计灵活的嗅觉选项，满足不同用户的需求和偏好。

6. 嗅觉社交和共享体验

设计支持嗅觉社交和共享的功能，让用户能够与他人分享嗅觉体验和创意作品。组织香气分享活动，促进用户之间的交流和互动，增强支持感。

心理疗愈和艺术疗愈虚拟空间产品的嗅觉设计需要充分考虑大学生的心理诉求和心理现状，选择适合的香气和气味，通过嗅觉体验传达情感支持，为大学生提供恰当的嗅觉支持和帮助，促进心理疗愈和艺术疗愈。

（六）体感设计

在设计大学生心理互助支援空间产品的体感时，需要考虑触觉、嗅觉、听觉和视觉等多个感官方面，以提供更加全面和深入的心理疗愈和艺术疗愈服务，需要聚焦于以下几个方面。

1. 沉浸感与真实感

创造沉浸式环境，使用户身临其境，从而增强体验效果。通过高保真度的图形和声音，营造真实感，让用户更容易投入。

2. 个性化定制

提供个性化的体验选项，以满足不同用户的需求和偏好。支持用户自定义环境设置，包括背景音乐、环境氛围等，以提升用户的参与感。

3. 互动性与参与度

设计丰富的互动元素，例如虚拟角色、任务挑战等，以激发用户的兴趣。开发多人协作功能，让用户能够与他人共同体验，促进互助与支持。

4. 情感表达与反馈

赋予虚拟角色情感表达能力，如面部表情、身体语言等，以增加用户的情感交流体验。设计实时反馈机制，以便用户能够及时了解自己的情绪状态，从而做出相应的调整。

5. 信息安全与隐私保护

保障用户信息安全和隐私，采取适合的加密和数据保护措施，确保用户信息不被泄露。设计安全退出机制，允许用户随时退出体验，并清除与其相关的个人数据，以维护用户的隐私和权益。

虚拟现实交互式体验在大学生心理互助支援空间产品的体感设计中需要兼顾沉浸感、个性化定制、互动性、情感表达以及安全保障等多个方面，以营造更加符合用户需求的体验环境。结合触觉、嗅觉、听觉和视觉等多种感官体验，设计虚拟现实交互式体验下大学生心理互助支援空间产品的体感，能够更加有效地强化心理疗愈和艺术疗愈的效果，为用户提供更加全面和个性化的支持和帮助。

第四节　依托现有虚拟社交平台建设大学生心理互助支援空间

在建设大学生心理互助支援空间产品时，可以利用现有的虚拟现实社交平台资源，如VRChat等，这些平台提供了丰富的虚拟现实体验和社交功能，可用于创造一个沉浸式的、安全的心理支持环境。通过竞品分析，我们可以深入了解各个平台的优势和特点，例如VRChat的跨平台性和用户自定义内容的丰富性，以及其他VR社交平台的技术支持和用户群体特征描绘，从而为构建功能完善、用户体验优秀的心理互助平台提供有力的指导。

一、了解VRChat

在VRChat，用户可以通过虚拟现实设备或者电脑桌面轻松地进入虚拟世界，这些世界包含了无数种主题和风格，从仿佛来自未来的科幻城市到梦幻般的奇幻森林，几乎没有任何限制。用户可以在这些虚拟世界中自由漫步、探索，甚至是飞行，完全取决于设计者的想象力。此外，VRChat的社交功能也是其吸引人之处。用户可以与其他用户在虚拟空间中自由交流——无论是使用清晰逼真的语音聊天，还是使用即时文本聊天或手势，都能够表达自己的情感和意图。这种社交体验的真实感和互动性让人仿佛置身于一个全新的虚拟社交世界中，与其他人建立起真实而有意义的联系。同时，VRChat还定期举办各种社交活动和比赛，例如派对、音乐会、游戏竞赛等，为用户提供更多丰富多彩的社交互动机会。

（一）虚拟的社交空间

VRChat提供一个虚拟的社交空间，让用户能够与来自世界各地的其他用户互动。

VRChat提供的虚拟社交空间不是简单的图像和声音的交流，而是一种全方位的、沉浸式的虚拟体验。用户可以通过逼真的虚拟环境和高度自定义的虚拟化身，以一种几乎与现实生活相媲美的方式与其他用户互动。这种虚拟的社交空间基于先进的虚拟现实技术，包括实时图形渲染、空间定位跟踪和立体声音效等，为用户提供了真实感超高的沉浸式体验。用户不仅可以通过视觉上的沉浸感来感受虚拟世界的真实性，还可以通过立体声音效和空间定位跟踪感受声音的来源和方向，从而增强社会交流的真实感和互动性。这种虚拟社交空间的建立还需要强有力的技术支持，包括服务器端的实时数据传输和处理、客户端的图形渲染和输入交互处理等方面的技术，以确保用户能够流畅地在虚拟世界中进行交流和互动。

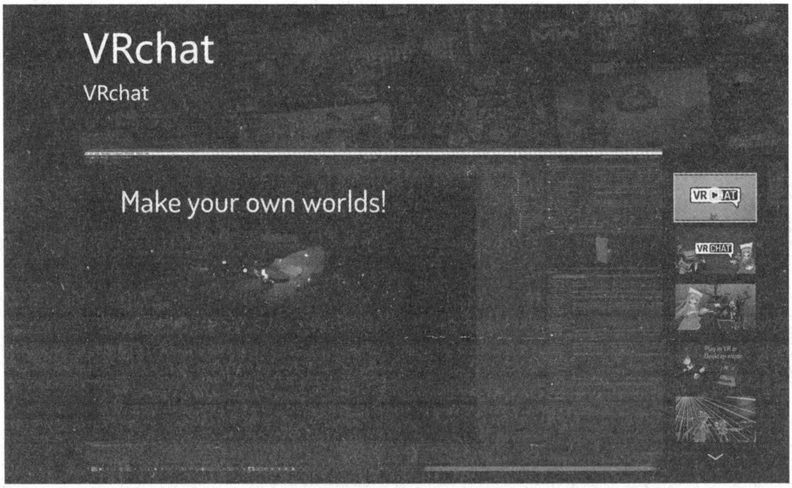

VRChat界面图

（二）自由创作

用户可以自由地创建、设计和分享自己的虚拟世界、角色和物体。这种创作自由性使得VRChat的内容极为丰富和多样化。

用户在VRChat中拥有广泛的创作自由，体现在他们不仅可以设计和上传自己的虚拟世界、角色和物体，还能够对这些元素进行高度定制和个性化选择。首先，用户可以利用各种创作工具和软件，如Unity引擎等，来设计和建造自己的虚拟世界，从地形、建筑到景观等，几乎每一个细节都可以根据用户的想象力进行设计。此外，用户还可以自由选择和定制自己的虚拟角色，包括外观、服装、动作等方面的设计，甚至还可以编写自定义的脚本来赋予角色更多的交互功能。同时，用户还可以创作和上传自己的虚拟物体和道具，如家具、装饰品等，为虚拟世界增添更多的元素和趣味性。这种创作自由性不仅丰富了VRChat的内容，也为用户提供了更多个性化和定制化的体验，使得每一个虚拟世界都充满了独特的魅力。在技术上，VRChat还提供了丰富的API和开发工具，以支持用户进行更深入的创作和定制，包括自定义的交互行为、特殊效果的实现等，为用户提供了广阔的创作空间和想象力施展的舞台。

（三）多种设备兼容

VRChat支持多种虚拟现实设备，包括头戴式显示器（如Oculus Rift、HTC Vive等）以及电脑和移动设备，这使得更多人能够轻松接入这个平台。

除了头戴式显示器和桌面电脑，VRChat还支持一系列移动设备，包括智能手机和平板电脑。通过专门设计的移动应用程序，用户可以在苹果和安卓设备上安装VRChat，并通过移动设备的触摸屏和陀螺仪来进行虚拟现实体验。这种移动设备的支持不仅拓宽了用户的设备选择范围，也增加了用户的灵活性和便利性。用户可以随时随地使用自己的移动设备进入VRChat，与其他用户进行沟通和互动，无须受到时间和地点的限制。此外，VRChat还支持多种操作系统，包括Windows、macOS和Linux等，使得用户无论使用何种设备和系统，都能够轻松接入这个平台。这种多设备的兼容性不仅扩大了VRChat的用户群体，也为用户提供了更广泛的选择和更丰富的体验，使得VRChat成为一个真正多样化和包容性强的虚拟社交平台。在技术层面，VRChat团队不断努力优化和更新平台，以确保对不同设备和系统的兼容性，保证用户能够在各种设备上获得流畅和稳定的虚拟现实体验。同时，VRChat还提供了丰富的开发文档和工具，以帮助开发者更好地优化自己的应用程序，适配更多内容，从而为用户提供更丰富多样的虚拟社交体验。多种设备的兼容性不仅拓宽了用户的设备选择范围，也增加了用户的灵活性和便利性。

（四）语音、文字和手势交流

用户可以使用语音、文字和手势与其他用户进行沟通和互动，增加了社交体验的真实感和互动性。

在VRChat中，用户可以通过多种方式与其他用户进行沟通和互动，其中包括语音、文字和手势交流，这些方式的结合大大增强了社交体验的真实感和互动性。首先来说语音交流，用户可以利用虚拟现实设备中的麦克风和耳机，实时与其他用户进行语音对话。这种语音交流的方式能够让用户更直接地表达自己的想法和情感，增强沟通的真实性和情感交流的丰富性。此外，VRChat还提供了清晰、稳定的语音通信技术，确保用户能够在虚拟世界中畅快地进行语音交流。其次来说文字聊天，用户可以通过键盘输入文字消息，与其他用户进行文字交流。文字聊天不仅方便快捷，还能够帮助用户表达那些无法通过语音表达的信息，例如链接、表情符号等，增加沟通的多样性和灵活性。此外，用户还可以利用虚拟现实设备中的手势控制器进行手势交流。通过手势，用户可以表达自己的情感、意图和动作，例如挥手打招呼、点头示意等，这种肢体语言的交流方式使得沟通更加生动和直观，增加社交体验的趣味性和互动性。

（五）举办各种活动

VRChat定期举办各种活动，包括派对、表演、游戏比赛等，让用户能够参与更多有趣的社交互动。

在VRChat中，活动是社区生活的重要组成部分，为用户提供更多丰富多彩的社交活动机会。先说派对活动。VRChat社区经常举办各种主题的派对，如夏日海滩派对、万圣节派对、新年派对等，为用户营造欢乐的氛围，让他们在虚拟世界中尽情欢聚、舞动身姿，感受派对的狂欢气氛。这些派对不仅是社交活动，也是展示个性和创造力的舞台，让用户可以通过自己的虚拟化身向世界展示自己的风采。再说表演活动。VRChat社区涌现出众多具有才华的表演者，他们可以利用虚拟世界中的舞台和工具进行各种形式的表演，如音乐演奏、舞蹈表演、戏剧表演等，为用户带来精彩纷呈的视听盛宴。这些表演活动不仅展示了用户的艺术才华，也为社区成员搭建了欣赏和交流的平台，促进了社区范围内的文化交流和艺术创作。

二、基于VRChat建设心理互助空间的整体构思

通过市场调研，我们可以更好地了解大学生心理健康支持的需求，并且为在VRChat中建立大学生心理互助陪伴数字人和心理互助支援空间项目提供指导和参考的整体构思。

（一）数据和真实案例

调查数据：调查数据显示，超过70%的大学生表示在大学期间曾经或者经常感到焦虑或者有压力。这表明大学生群体对心理健康支持的需求十分迫切。

应用案例：某大学开展了基于VRChat的心理健康支持项目，通过数字人和虚拟环境为学生提供心理辅导和支持。在试运行阶段，已有超过500名学生参与，并且反馈积极。

（二）市场趋势

虚拟现实技术在心理健康领域的应用正在逐渐增加，越来越多的大学和机构开始关注并投入相关项目的研发和实践之中。

（三）方案概述

在VRChat中建立数字人和心理互助支援空间旨在为大学生提供一个虚拟环境，让他们可以得到心理健康支持、互助和陪伴。该项目结合虚拟现实技术和心理学知识，提供多种功能和资源，以满足大学生在心理健康方面的需求。

（四）策划内容

1. 平台的选择

之所以选择在VRChat中建立数字人和心理互助支援空间，是因为VRChat是一个广受欢迎的虚拟现实社交平台，用户可以通过虚拟头戴式显示器和手柄在虚拟世界中进行交流和互动。

2. 功能设计

数字人设计：设计数字人角色来模拟心理互助和支持的场景。数字人具备人性化的外观和行为，能够与用户进行真实的对话和互动。

心理支持功能：设计心理咨询、倾听、情绪识别和应对技巧等功能，以帮助用户解决心理问题和应对挑战。

资源分享：提供丰富的心理健康课程，包括放松训练、认知行为技术、心理健康知识等，以帮助用户增强心理韧性和应对压力的能力。

3. 用户体验优化

界面设计：设计简洁直观的用户界面，使用户能够轻松找到所需要的资源。

交互体验：优化虚拟环境和交互方式，使用户感到身临其境，提升用户的体验和参与感。

4. 隐私保护

数据安全：采取严格的数据安全措施，保护用户的个人信息和对话内容不被泄露。

匿名支持：为用户提供匿名使用的选项，以保护用户的隐私和个人信息不被泄露。

（五）市场调研与应用

1. 调查问卷

针对大学生群体进行调查问卷，了解他们在心理健康方面的需求和偏好。

2. 竞品分析

分析现有的心理健康应用和虚拟现实平台，了解市场上的竞争情况和自身优势与劣势。

（六）可持续发展与扩展

1. 合作机构

与大学心理健康中心、心理咨询机构等合作，为用户提供更多专业支持和资源。

2. 技术更新

随着技术的发展，不断更新和改进虚拟现实技术，提升用户体验和功能性。

三、大学生心理互助支援环境空间构想

通过研究相关数据以及对大学生的心理需求调研，设计虚拟空间环境及匹配的心理检测和治疗方法，实现与大学生的无缝对接，建设满足大学生心理需求的虚拟空间。在VRChat社区，大学生心理互助支援空间的建设可以通过多种方式实现，从虚拟场景的设计到互动活动的策划，都可以为大学生提供心理支持和帮助。

（一）虚拟心理咨询室

创建一个虚拟的心理咨询室场景，提供一个安全舒适的环境，确保虚

拟心理咨询室的空间舒适、温馨，考虑添加舒适的沙发、柔和的灯光、植物等元素，营造一个放松的氛围。在虚拟心理咨询室中制订规则，让用户知道在这个空间中应该如何做，以确保安全和秩序。考虑在虚拟心理咨询室中添加一些交互元素，例如茶水、书籍、放松音乐等，让用户在等待或咨询的过程中感到更加舒适和放松。同时，在虚拟空间中添加一个或者多个专业心理咨询师的NPC（非玩家角色），他们将在虚拟心理咨询室中等待和接待用户。确保这些NPC表现友善、专业，能够给予用户恰当的心理支持和建议。让大学生可以在虚拟空间进行心理咨询和倾诉。这种形式已经在VRChat中出现过，一些用户设计了类似医院或者诊所的场景，供其他用户寻求心理支持和建议。

（二）支持小组活动

在VRChat中选择一个适合的虚拟场景作为支持小组活动的举办地点。可以是一个会议室、休息室或者户外风景区，应根据活动的性质和主题进行选择。确定支持小组活动的形式和主题，例如心理健康讨论会、情绪管理工作坊、焦虑缓解小组等。根据目标人群的需求和兴趣来选择适合的主题。确定支持小组活动的时间和日程安排，确保能够方便大多数人参与。可以考虑定期举办活动，例如每周一次或者每月一次，以保持活动的连续性和稳定性。招募合适的主持人或者组织者来负责支持小组活动的策划和组织。主持人需要具备一定的心理健康知识和组织能力，并接受相关的培训，以确保活动的质量和效果。在VRChat社区和大学校园内宣传支持小组活动，吸引更多的参与者加入。可以通过社交媒体、校园广播、海报等方式进行宣传，并提供报名渠道供大学生报名参加。确定每次支持小组活动的具体内容和互动形式，例如讨论话题、小组分享、情绪练习等。活动内容应该能够激发参与者的兴趣和参与度，同时促进彼此之间的交流和互动。在支持小组活动中给予相关的资源支持，例如心理健康资料、情绪管理工具、渠道等，帮助参与者更好地了解和应对自己的消极情绪和困扰。

（三）体感室

利用3D建模和场景设计技术创建各种自然风光，如山水、森林、海滩等，让用户身临其境地感受自然景观的美丽和宁静。利用先进的图形引擎和渲染技术，确保场景和细节的逼真度，提供沉浸式的视觉体验。采用环绕声技术，为用户提供360度的声音体验，选择舒缓的音乐和声音，如自然声音、冥想音乐等，帮助用户放松身心，降低焦虑感，进入冥想状态，让用户有身临其境的感觉。利用震动反馈装置，让用户通过触觉感受到环境中的微弱震动，增强沉浸感。在虚拟环境中添加可交互的物体，如水、树木等，让用户可以通过触摸与环境进行互动，增加参与感和体验乐趣。也可以利用嗅觉模拟技术，向用户释放各种自然气味，如花香、树木气味等，增加环境的真实感和可沉浸感。也可采用化学反应产生气味的技术，释放出不同的气味精华，如植物精油、香薰等，提供更加自然和舒适的嗅觉体验。利用味觉模拟装置释放各种人们生活中常常能闻到的气味，如水果、茶叶的气味等，让用户在冥想过程中感受到愉悦的味觉体验。或者提供口香糖等辅助品，让用户在冥想过程中通过品尝口香糖等获得愉悦的味觉体验，帮助放松身心。通过以上技术方案的综合运用，可以为用户在VRChat中建立的五感冥想室提供更加丰富和真实的感官体验，帮助他们达到身心放松、减缓压力、提升注意力和专注力的目的。

虚拟心理咨询室

（四）心理教育展览

在VRChat中选择一个适合的虚拟场景作为心理教育展览的举办地点。可以是一个展厅、艺术馆或者虚拟图书馆，根据展览内容和主题进行选择。设计展览的布局和展示物品，包括展示板、信息卡片、图片、视频等。根据不同的主题，可以将展览内容分成不同区域，使参观者能够有序地浏览和学习。在展览中添加一些互动元素和活动，例如问答游戏、情绪练习、自助工具体验等，让参观者能够积极参与，加深对心理健康知识的理解和记忆。在展览中提供相关的资源和链接，例如心理健康资料、自助工具下载、专业机构网站等，让参观者可以进一步了解和深入学习心理健康知识。在VRChat社区和大学校园里进行宣传心理教育展览，邀请大学生前来观展。可以通过社交媒体、校园广播、学生组织等方式进行宣传，吸引更多的参观者。

（五）虚拟游戏化

设计各种虚拟游戏和活动，以游戏化的方式传播心理健康知识，增强大学生的心理韧性和抗压能力。

1. 情绪管理迷你游戏

开发一系列情绪管理迷你游戏，玩家在游戏中扮演不同角色，面对不同情绪和挑战，学习如何有效地管理自己的情绪。例如，通过解决情绪困扰、应对挑战、找到情绪释放出口的方式，增强玩家的情绪认知和情绪调节能力。

2. 压力释放挑战

设计一系列压力释放挑战游戏，让玩家在虚拟环境中感受放松和压力释放。例如，瑜伽练习、冥想放松、自然景观探索等，让玩家学会在压力环境下自主平静和放松。

3. 情景模拟训练

创建各种情景模拟训练，让玩家在虚拟环境中面对现实生活中的挑战和压力，学习有效的解决方案和应对策略。例如，在学业压力、人际关系问题、职业发展困境等情景中，玩家可以通过角色扮演和互动体验来提升自己的应对能力。

4. 心理健康知识竞赛

开展心理健康知识竞赛活动，让玩家通过答题比赛的方式学习心理健康知识。设计各种有趣的题目和挑战，内容涵盖心理健康领域的各个方面，激发玩家的学习兴趣和动力。

5. 合作解谜任务

设计合作解谜任务，让玩家在团队合作的过程中学习心理健康知识和技能。通过解决各种与心理健康相关的谜题和难题，促进玩家之间的合作和沟通，提升团队合作能力和问题解决能力。

通过以上虚拟游戏和活动的设计，可以在VRChat中以游戏化的方式普及心理健康知识，增强大学生的心理韧性和抗压能力，并激发他们对心理健康的兴趣和关注。

四、大学生心理互助陪伴数字人构想

在利用VRChat构建大学生心理互助陪伴数字人方面，我们可以设计一个名为“心灵伴侣”的虚拟人物，它是一个具有人工智能的数字形象，专门为大学生提供心理支持和陪伴。

（一）设计定位

名称：心伴

青年化形象：“心伴”的外观设计以青春活力为主，形象友好、可爱，更容易被大学生接受和信任。可以使用温暖的色彩和简洁的线条形象，营造一种轻松愉悦的感觉。

个性化互动：“心伴”具有个性化的互动功能，能够根据用户的情绪和需求作出智能化的回应和反馈。通过自然语言处理和情感识别技术，“心伴”可以第一时间掌握用户的情绪状态，并提供相应的情绪支持和建议。

专业心理支持：“心伴”内置丰富的心理健康知识库，内容涵盖情绪管理、压力释放、人际关系等方面的专业知识。用户可以通过与“心伴”的对话，获取相关的心理支持和建议，提升心理健康意识和问题应对能力。

情景模拟训练：“心伴”提供情景模拟训练功能，让用户在虚拟环境中体验各种心理健康挑战和情绪困扰，并学习有效的应对策略和技巧。通过角色扮演和互动体验，用户可以提升自己的情绪调节能力和应对压力的能力。

安全保密保障：“心伴”保证用户的隐私，所有的对话和信息都会被严格保密，并且不会被分享给第三方。用户可以放心地与“心伴”分享自己的感受和困扰，不必担心被他人知晓。

（二）VRChat数字人设计构思

实现心理互助陪伴数字人的设计构想需要利用VRChat平台提供的功能和工具，并结合一些外部的技术和资源。以下是一些实现该构想的思路和方法。

1. 人物形象创建（Avatar Creation）

利用VRChat SDK中的Avatar Creation工具，创建一个符合设计定位的数字人形象。可以选择适合的人物模型，并进行个性化的外观设计和动作设置，以展现数字人的特点和功能。

2. 语音识别（Speech Recognition）

整合语音识别技术，使数字人能够识别用户的语音输入，并根据用户的情绪和语气作出相应的回应。可以使用现有的语音识别应用程序编程接口，如Google Speech Recognition或Microsoft Azure Speech。

3. 情绪识别（Emotion Recognition）

结合情感识别技术，使数字人能够识别用户的情绪表达，包括语调、语速和词汇选择等方面。可以使用情感分析应用程序编程接口，如IBM Watson Tone Analyzer或Microsoft Azure Emotion API。

4. 聊天机器人集成（Chatbot Integration）

集成聊天机器人技术使数字人能够与用户进行智能化的对话和互动。可以利用现有的开源聊天机器人平台，如Dialogflow、Microsoft Bot Framework或Rasa，来实现数字人的自然语言处理和对话管理。

5. 互动活动（Interactive Activities）

设计各种互动活动和情景模拟训练，让用户通过与数字人的互动体验学习心理健康知识。可以通过VRChat中的动作和手势功能，以及定制的触发器和事件来实现互动活动的设计。

6. 信息展示（Information Display）

在数字人的界面中展示心理健康知识和资源，包括文字、图片、视频等形式。可以通过VRChat中的UI元素和3D空间中的物体来展示信息内容，以提供给用户作参考。

7. 用户隐私和安全（User Privacy and Security）

确保用户的隐私和安全，所有与数字人的对话和个人信息都要进行保密和安全处理。可以采取数据加密、权限控制和隐私保护等措施，保障用户的权益和安全。

通过以上方法和思路的综合应用，可以在VRChat中实现心理互助陪伴数字人的设计构想，为大学生提供专业的心理支持和陪伴，促进心理健康水平的提升和改善。

在当今社会，虚拟平台为心理互助和干预提供了全新的可能性。通过数字人和虚拟空间的创设，用户可以获得实时的、个性化的心理支持和建议，而不受地域和时间的限制。虚拟现实技术的应用使得用户能够身临其境地体验与数字人的互动，增强沟通的效果和感染力。与此同时，随着人工智能、情感识别和增强现实技术的不断发展，数字人的智能化和个性化水平将不断提升，为用户提供更加有效的心理支持。未来，随着科学技术的进一步发展和应用，数字人和虚拟空间将成为心理互助和干预的重要工具，为用户提供更加智能化、个性化和高效的心理支持服务。

第八章　艺术疗愈实际应用展示

自2022年起，笔者一直在实际应用中采用认知行为疗法，专注力训练，以干预和改善儿童抽动症和大学生心理问题。认知行为疗法是一种基于理性思考和行为改变的治疗方法，旨在通过改变个体的认知模式和行为模式来缓解心理问题。专注力训练是认知行为疗法的一种重要技术，着重培养个体的专注能力和自我控制能力，以提高其应对压力和焦虑的能力。在实际应用中，我们通过一系列系统性的训练和练习，引导儿童和大学生逐步提高专注力水平，加强自我调节和情绪管理能力，从而减轻抽动症及心理问题带来的负面影响。这种方法体现了心理学专业的思维方式，即通过科学的、系统的干预方法，针对具体问题进行治疗和辅导，以达到促进个体心理健康和全面发展的目标。

第一节　抽动症

抽动秽语综合征简称抽动症或抽动障碍，是一种神经系统疾病，患者会重复、不自主地运动和发声。最近的统计数据表明，大约0.6%的儿童患抽动症，即每162名儿童中就有1名患有抽动症。然而，只有大约0.3%的儿童能够确诊，即每360名儿童中才有1名被诊断出患有这种疾病。抽动症在男孩中比在女孩中更普遍，男孩患抽动症的可能性是女孩的3到4倍。抽动症通常始于儿童时期，患儿通常在5至7岁之间发病，症状在8至12岁左右达到顶峰。抽搐症状通常在青春期和成年早期得到缓解，许多患者的症状明显减轻，甚至成年后毫无症状。然而，一小部分人可能会在成年后继续经历严重的抽搐。

抽动症患者常常伴有其他心理、情感或者行为障碍，如注意力缺陷多动障碍（ADHD）和强迫症（OCD）。研究显示，约86%的抽动症儿童至少还有一种其他行为发展障碍。

抽动症对于儿童的社交和情感生活有重大的影响。由于抽动症的症状表现，患者更容易成为被欺凌的目标，面临社交困难和情感困扰。给这些患病儿童提供适当的心理支持和教育干预对于减轻其心理压力和促进其健康成长至关重要。

目前，抽动症的诊断主要基于临床观察和患者病史，没有特定的实验室测试。美国精神病学协会的《精神障碍诊断与统计手册》上记载的诊断标准包括：存在多个运动抽动和至少一个声音抽动（不一定同时发生），症状持续超过一年，并且症状在18岁之前开始出现。

治疗抽动症的方法通常包括行为治疗和药物治疗，目标是减轻症状，提高患者的生活质量。行为治疗，如认知行为治疗，对于管理抽动症状和共病症状具有显著效果。药物治疗则主要用于缓解严重的抽动症状和伴随的行为问题。

近年来，研究人员开始探索迷走神经在抽动症中的潜在作用。迷走神经是人体最长的脑神经，它延伸到多个重要器官，包括心脏、肺和消化系统。迷走神经在自主神经系统中发挥着关键作用，调节身体的休息和消化功能。刺激迷走神经，可以影响心率、血压、消化系统和免疫系统。抽动症患者可能存在自主神经系统失调，包括迷走神经功能异常。迷走神经调节自主神经系统的平衡，有助于改善患者的情绪和应激反应，减少抽动症状。

一、运动

对于儿童抽动症的缓解，一些运动可能有助于改善迷走神经的功能，从而减轻症状。

（一）户外活动

让儿童参与户外活动，如跑步、打球、骑自行车等，有助于提高心率和呼吸频率，促进血液循环和氧气输送到大脑和身体各部位，有助于身体放松和心理舒缓。

（二）瑜伽和冥想

这些练习有助于平衡自主神经系统，提高专注力和心理稳定性，从而减轻抽动症状，特别是一些简单、缓慢的瑜伽动作和冥想练习，可以帮助儿童放松身心，刺激迷走神经发挥功能。

（三）太极拳

太极拳注重身体的平衡和流动性，通过缓慢而连续的动作和呼吸练习，有助于放松身心，刺激迷走神经。

（四）放松训练

放松训练如渐进性肌肉放松法和自我暗示法等，有助于放松肌肉，减少身体紧张和不自主运动。

（五）专注力训练

通过一些专注力练习，如注意力集中练习和行为注意力训练，我们可以帮助儿童提高专注力和自我控制能力，减少抽动症状。

这些运动的共同点是可以促进身体和心理的放松，有助于平衡自主神经系统的功能，可能对迷走神经起到一定的调节作用。但需要注意的是，运动作为一种辅助治疗方法，通常与其他治疗策略结合使用效果更佳。在开始新的运动计划之前，建议先咨询医生或者专业健康顾问的意见。

二、深呼吸

呼吸训练是一种非侵入性的方法，我们可以通过深呼吸来刺激迷走神经，降低应激水平和平复情绪，从而减少抽动症状。

深而缓慢的呼吸是一种通过呼吸调节来促进放松和心理平衡的方法。这种呼吸方式能够有效地刺激迷走神经，帮助身体进入放松状态，减轻压力和焦虑，从而减少抽动症状的频率和强度。通过增加迷走神经的活动，深呼吸有助于平衡自主神经系统，提高情绪调节能力水平，加大心理韧性。

（一）实施深而缓慢呼吸的方法

找到一个能够躲避外界干扰的地方，确保能够专心进行呼吸练习。可以坐着或者躺下，放松全身。闭上眼睛，将注意力集中在呼吸上。鼻子慢慢吸气，让空气充满肺部。嘴巴呼气，保持均匀和缓慢。吸气和呼气的时间可以保持在4—6秒。集中注意力在每一次的呼吸上，感受空气进出身体的过程。

（二）深呼吸的益处

深呼吸通过刺激迷走神经，能够帮助身体进入放松状态，减轻个体的压力和焦虑感。有助于平衡自主神经系统，提升情绪稳定性，减少焦虑和情绪波动。通过降低神经系统的兴奋性，深呼吸可以减少抽动症发病的频率和强度。坚持深呼吸练习，可以增强心理韧性，更好地应对日常生活中的压力和挑战。

三、腹式呼吸

腹式呼吸（膈肌呼吸）是一种通过横膈膜运动来进行深呼吸的方法，这种呼吸方法不仅可以提高呼吸效率，还能有效刺激迷走神经，促进身体的放松反应。横膈膜位于胸腔和腹腔之间，是重要的呼吸肌，通过其运动，可以调节呼吸，并刺激迷走神经发挥功能。

（一）横膈膜的作用

横膈膜在呼吸过程中发挥关键作用。当横膈膜收缩时，它向下移动，增加胸腔的容量，使肺部能够吸入更多的空气；当横膈膜放松时，它向上移动，减少胸腔的容量，帮助排出废气。通过这种方式，横膈膜调节了呼吸的深度和频率。

（二）腹式呼吸的具体方法

找到一个舒适的位置，可以坐着或者躺下，保持背部挺直，双手放在腹部上。通过鼻子慢慢吸气，感受横膈膜向下移动，腹部随着吸气而扩张。通过嘴巴慢慢呼气，感受横膈膜向上移动，腹部随着呼气而收缩，保持呼气缓慢而均匀。将注意力集中在呼吸上，感受腹部和横膈膜的起伏，避免分心。

（三）腹式呼吸对迷走神经的益处

腹式呼吸通过深而缓慢的呼吸方式，能够有效地刺激迷走神经，帮助身体进入放松状态。通过调节迷走神经，腹式呼吸能够显著减轻心理压力和焦虑，降低应激反应。腹式呼吸有助于调节情绪，增强心理韧性，减少神经系统的过度兴奋，从而有益于心理健康。腹式呼吸通过横膈膜的运动，也对腹部器官进行温和按摩，促进消化和肠道蠕动。

四、冥想

冥想是一种通过集中注意力和呼吸调节来促进放松和心理平衡的练习。对于抽动症患者来说，冥想可以通过多种方式帮助他们调节症状，这与迷走神经的功能密切相关。

（一）冥想对抽动症的益处

冥想能够帮助抽动症患者减少发病的频率和强度。通过冥想，身体能够进入放松状态，减轻压力和焦虑感。冥想有助于提高情绪调节能力，减少情绪波动，从而减少抽动症的诱发因素。通过冥想训练专注力，患者可以更好地管理注意力，减少抽动症状的干扰。

（二）迷走神经在冥想中的作用

冥想通过深呼吸和放松技术，能够激活迷走神经，帮助身体放松。迷走神经的激活可以抑制过度的应激反应，减轻压力，从而缓解抽动症状。迷走神经的刺激还能加强情绪的稳定性，减少焦虑和情绪波动，有助于减轻抽动症的影响。

（三）实施冥想的具体方法

找到一个舒适、安静的地方，避免干扰。闭上眼睛，深呼吸，专注于每一次吸气和呼气。专注于当下的感觉，避免分心。如果注意力游离，轻轻将注意力带回到呼吸上。每天进行几分钟的冥想练习，逐渐增加到20分钟，长期练习效果更佳。

通过坚持冥想练习，抽动症患者可以有效地减轻症状，提高生活质量。结合其他放松技术，冥想可以成为一种有力的非药物调节方法，帮助抽动症患者更好地控制病情、提高心理健康水平。

五、正念练习

正念练习与冥想有相通之处，它是一种通过专注于当下体验和呼吸调节，促进心理平衡和情绪稳定的方法。对于抽动症患者，正念练习可以帮助他们缓解发病的频率和强度，而迷走神经在这一过程中起到了重要作用。

正念练习需要练习者集中注意力在当下的体验和呼吸上，从而减轻压力和焦虑感，使身体和心灵处于放松状态。正念练习可以帮助练习者提高情绪调节能力，减少情绪波动，从而减少抽动症的诱发因素。通过训练专注力，患者能够更好地管理注意力，减少抽动症状的干扰。

（一）迷走神经在正念练习中的作用

正念练习者借助特定的呼吸和放松技术，可以激活迷走神经，使其发挥功能，从而对自身产生积极影响。通过深而缓慢的呼吸，刺激迷走神经，使身体进入放松状态，有助于减轻压力和焦虑感。迷走神经的活化可以平衡自主神经系统，减少神经系统的过度兴奋，从而缓解抽动症状。迷走神经的刺激还有助于促进情绪的稳定性，减少焦虑和情绪波动，从而减轻抽动症的影响。

（二）实施正念练习的方法

找到一个舒适、安静的地方，避免干扰。闭上眼睛，深呼吸，专注于每一次吸气和呼气。感受当下的每一个感觉，避免分心。如果注意力游离，轻轻将注意力带回到呼吸上。每天进行几分钟的正念练习，逐渐增加到每天20分钟，长期积累效果更佳。

六、营养

患抽动症的儿童在饮食上需要特别注意，因为某些食物可能会加重症状，而健康的饮食则有助于改善整体健康状况，减少抽动症发病的频率和严重程度。以下是有关健康饮食和不健康饮食的相关介绍。

（一）健康饮食

1. 富含Omega-3脂肪酸的食物，如鱼类（如鲑鱼、鲭鱼）、亚麻籽、核桃、奇亚籽。Omega-3脂肪酸具有抗炎作用，有助于脑功能的健康。

2. 全谷物如糙米、全麦面包、燕麦、藜麦。全谷物提供稳定的能量来源，含有丰富的纤维，有助于维持血糖水平的稳定，避免血糖波动引起的情绪波动。

3. 新鲜水果和蔬菜，如蓝莓、菠菜、胡萝卜、苹果。它们富含维生素、矿物质和抗氧化剂，有助于增强免疫系统，保持神经系统的健康。

4. 富含镁的食物，绿叶蔬菜（如菠菜）、坚果、种子、豆类。镁有放松神经和肌肉的功效，有助于减少抽动症状的出现。

5. 优质蛋白质如鸡肉、鱼肉、豆类、蛋类，原因是蛋白质是神经递质的主要构成成分，有助于大脑功能的发挥和个体情绪的稳定。

（二）不健康饮食

1. 高糖食物，如糖果、糕点、含糖饮料、巧克力。高糖饮食会导致血糖快速升高和骤降，可能引发情绪波动和行为问题，加重抽动症病情。

2. 含有人工色素和防腐剂的食物，如染色糖果、罐头食品、加工零食。有研究表明，某些人工色素和防腐剂可能会对神经系统产生负面影响，增加抽动症发病的频率。

3. 高咖啡因食物和饮料，如咖啡、茶、功能型饮料、巧克力。咖啡因是一种兴奋剂，可能会增加焦虑感和紧张感，从而加重抽动症状。

4. 高盐食物，如快餐、腌制食品、薯片。高盐食物可能导致血压升高和体液失衡，对神经系统产生负面影响。

5. 反式脂肪酸含量高的食物，如油炸食品、部分烘焙食品（如饼干、蛋糕）。反式脂肪酸对心血管系统和神经系统有害，可能加重抽动症状。

七、微量元素与维生素

微量元素和维生素在维持神经系统的正常功能方面发挥至关重要的作用。当体内这些营养素缺乏时，可能会影响神经传导和大脑功能，从而诱发或者加重抽动症状。

（一）锌

锌参与神经传导，能够确保神经信号在神经元之间的有效传递。缺乏锌会导致神经传导效率下降，影响大脑对信息的处理能力。锌在神经元的生长、分化和修复过程中同样起重要作用。锌不足可能导致神经元结构和功能的异常，从而影响大脑的正常运作。锌缺乏会导致神经系统功能紊乱，包括神经信号传递的障碍和神经元损伤。这种紊乱可能增加抽动症状的发生频率和严重程度。

（二）镁

镁是维持正常神经传导所必需的元素。它参与调节神经细胞之间的信号传递，确保神经系统正常发挥功能。缺乏镁会导致神经传导紊乱，增加神经系统的兴奋性。镁在肌肉放松过程中发挥重要作用。它通过调节肌肉收缩和放松，确保肌肉功能的正常运作。镁不足可能导致肌肉的过度紧张甚至抽搐，进而增加抽动症发病的频率和强度。镁具有调节神经系统兴奋性的功能，帮助保持神经系统的稳定状态。缺镁会导致神经系统的过度兴奋，增加抽动症的发生风险和严重程度。

（三）铁

铁元素参与大脑中神经递质的合成和代谢。铁元素缺乏会影响多巴胺机制的正常功能，可能导致运动控制障碍，从而加剧抽动症状。铁是神经递质合成的关键元素，特别是在多巴胺机制中。多巴胺是重要的神经递质，参与调节情绪、注意力和运动控制。铁缺乏会影响多巴胺的合成和功能的发挥，进而导致神经系统的异常。多巴胺机制在运动控制和情绪调节中也发挥重要作用。铁缺乏会导致神经系统功能紊乱，包括神经传导的障碍和神经元损伤，从而增加抽动症发病的频率。

（四）维生素B_6

维生素B_6是许多神经递质（如血清素、γ-氨基丁酸和多巴胺）合成过程中的必需辅酶。这些神经递质在调节情绪、行为和运动控制方面发挥重要作用。缺乏维生素B_6会导致这些神经递质的合成受阻，从而影响神经系统的正常功能；也会导致神经系统功能障碍，增加神经系统的兴奋性（神经系统过度兴奋是诱发抽动的一个重要因素）。维生素B_6在调节情绪和行为方面也发挥重要作用。通过参与神经递质的合成，维生素B_6有助于维持情绪稳定和减少焦虑，对于抽动症患者尤其重要，因为情绪不稳定和焦虑常常是抽动症的诱发因素。

（五）维生素D

维生素D在神经发育和神经保护中发挥关键作用。它参与大脑中神经递质的合成和释放，维持神经细胞的正常功能。维生素D的缺乏可能导致神经系统功能紊乱，影响神经细胞的正常运作。维生素D对免疫系统也具有调节作用，有助于减少炎症和神经系统的应激反应。免疫系统的紊乱和慢性炎症可能影响神经系统的稳定性，从而增加抽动的风险。研究显示，多种神经系统疾病与缺乏维生素D相关，包括抑郁症、焦虑症和其他神经发育障碍。这些神经系统功能紊乱可能诱发或者加重抽动症状。

（六）维生素E

大脑的高代谢活动容易产生大量自由基。维生素E通过中和自由基，防止氧化应激对细胞的损伤。维生素E的抗氧化作用有助于保护神经细胞，维持神经系统的正常功能，在神经系统的正常运作中扮演着重要角色。缺乏维生素E会导致神经细胞膜的完整性和功能受到破坏，影响神经信号的传递和神经元的健康。这种损伤可能导致神经系统功能紊乱，增加抽动症的风险。氧化应激被认为是多种神经系统疾病的潜在病因。通过减少氧化应激，维生素E能够降低神经系统的兴奋性，减少神经系统功能紊乱情况的发生，从而降低抽动症发病的可能性。

当身体缺乏这些关键的微量元素和维生素时，神经系统的正常功能可能会受到干扰。缺乏关键的微量元素和维生素会导致神经传导速度减慢或者异常，从而增加抽动症发病的可能；会影响大脑对信息的处理和调节能力，导致情绪不稳定和运动控制障碍，进而加剧抽动症状。营养缺乏会导致神经系统的过度兴奋，增加抽动症发病的频率和强度。

八、情绪调节

情绪调节对抽动症的影响是一个重要的研究领域。情绪调节指的是个体在面对情绪体验时，如何管理和调整自己的情绪反应。

（一）减少抽动频率

研究表明，情绪压力和焦虑可能会加剧抽动症状。通过有效的情绪调节（如放松训练、正念冥想、艺术疗愈），可以减少焦虑和压力，从而减少抽动症发病的频率和强度。

（二）提高生活质量

有效的情绪调节策略可以帮助抽动症患者更好地应对生活中的压力，提高整体生活质量。例如，认知行为疗法已经被证明对于治疗抽动症和缓解相关情绪问题有效。

（三）神经可塑性

情绪调节能通过促进大脑的神经可塑性来改善抽动症状。神经可塑性指大脑在经历和学习过程中重塑和调整自身的能力。通过长期的情绪调节练习，抽动症患者的大脑在功能和结构上会有积极变化。

九、睡眠

睡眠在儿童的身体和大脑发育中发挥至关重要的作用。充足的睡眠不仅有助于认知功能的发展和情绪的调节，还能显著影响抽动症的发病情况。睡眠有助于记忆的巩固和信息处理，缺乏睡眠会导致注意力不集中和认知功能下降。充足的睡眠可以稳定情绪，减少焦虑和压力，避免这些因素加剧抽动症状。

研究表明，充足的睡眠可以减轻抽动症发病的频率和强度。良好的睡眠质量可以减少抽动的发生。例如，夜间不安和失眠可能加重白天的抽动症状，而高质量的睡眠则可以起到缓解作用。通过改善睡眠，儿童的情绪稳定性和行为控制能力会增强，减少因情绪波动和注意力不集中引发的抽动。

儿童的睡眠需求随着年龄的不同而有所变化。学龄前儿童（3—5岁）需要10—13小时的睡眠。学龄儿童（6—12岁）需要9—12小时的睡眠。青少年（13—18岁）需要8—10小时的睡眠。

十、社交活动

社交活动对于儿童的整体发展具有重要意义，对于患有抽动症的儿童尤为重要。

（一）提高自信心和自尊心

参与社交活动可以增强儿童的自信心和自尊心。当儿童成功与同龄人互动并获得积极的反馈时，他们的自我认同感和自我价值感会得到提升，有助于减少因抽动症带来的负面情绪，增强心理韧性。

（二）提供情感支持

社交活动可以提供一个支持性的环境，帮助儿童感受到关心和理解。通过与同龄人和朋友的互动，儿童可以分享他们的感受和经历，获得情感上的支持。这种支持有助于缓解因抽动症带来的焦虑和压力，从而减少抽动症发病的频率和强度。

（三）分散注意力

参与有趣和富有挑战性的社交活动可以分散儿童对抽动的注意力。当儿童专注于游戏、体育活动或者其他社交活动时，他们对抽动的意识会减弱，从而减少抽动的频率。这种分散注意力的效果对症状缓解非常有益。

（四）促进积极行为

社交活动可以促进积极的行为模式。通过参与团队活动和合作，儿童学会了如何在社交情境中自我调节和控制。这些技能有助于他们在日常生活中更好地控制抽动症的发病。

（五）社交技能与社交活动

社交活动提供了学习和练习社交技能的机会。通过互动，儿童可以学习如何与他人沟通、解决冲突以及建立和维持友谊。这些社交技能的提升能让他们在面对抽动症时更加从容和自信，减少对被孤立的担忧。

第二节　抽动症儿童艺术疗愈的课程案例展示

艺术疗愈通过艺术手段，能够为个体提供一种表达和调节情绪的非语言途径，对抽动症儿童特别有帮助。

一、自由绘画

自由绘画作为一种艺术疗愈形式，允许儿童随意选择颜料和绘画工具，自由表达他们内心的情感和想法。这种无规则和无限制的创作方式，能够为抽动症患儿提供一个释放压力和焦虑的平台，从而有助于缓解抽动症状。

（一）情感表达与释放

自由绘画为抽动症患儿提供了一种非语言的情感表达方式。通过绘画，他们能够将内心的压力、焦虑、愤怒或者其他情绪外化。这种消极情绪的外化和表达，有助于他们认识并处理这些情绪，减少情绪积压对身体和心理的负面影响。

（二）减少压力和焦虑

心理学研究表明，艺术创作可以显著降低压力和焦虑水平。自由绘画作为一种创作活动，通过专注于绘画过程，能够让儿童从日常压力和焦虑中暂时解脱出来。在绘画过程中，注意力的转移和专注，能够激活副交感神经系统，促进身体与心理的放松，减少抽动症发病的频率和强度。

（三）提升自我效能感

自由绘画通过让儿童自主选择和控制创作过程，增强他们的自我效能感和自信心。自我效能感是指个人对自己能够完成某项任务或者应对某种情况的信心。通过成功完成一幅画作，儿童可以体验到成就感和自我价值，从而提升自信心和心理韧性，减轻抽动症带来的负面情绪。

（四）促进情绪调节

自由绘画能够帮助儿童提高情绪调节能力。心理学研究发现，艺术创作能够激活大脑中负责情绪调节的区域，帮助个体更好地处理和调节情绪。通过绘画，儿童可以探索和认识自己的情绪，学会如何以健康的方式表达和应对消极情绪，从而减少情绪波动引起的抽动症发作。

（五）增强注意力和专注力

自由绘画要求儿童集中注意力于绘画过程，这对提高他们的注意力和专注力有显著作用。专注于绘画可以让儿童暂时远离引发抽动的环境或者情境，减少抽动症发病的频率和强度。此外，专注力增强有助于他们在日常学习和生活中更好地管理注意力，减少抽动症对学业和生活的干扰。

自由绘画允许儿童随意选择颜料和绘画工具，表达他们内心的情感和想法。这种方法没有规则和限制，可以帮助他们释放压力和焦虑，减少抽动症状。

儿童的自由绘画作品

二、涂色书绘画

涂色书是一种创意娱乐活动，它对抽动症患儿的心理发展和行为调整也有重要的作用。涂色书为孩子们提供了一个良好的创作环境，这种环境对抽动症患儿能够产生积极影响。

（一）提高专注力和耐心

抽动症患儿通常面临注意力分散的问题，而涂色书要求孩子们在完成图案的过程中保持高度的专注力。这种持续的注意力集中可以帮助他们在日常活动中也养成良好的专注习惯。通过选择颜色和在限定区域内进行填色，孩子们学会如何长时间保持专注力，对于减少抽动症发病的频率和强度具有显著的帮助。

（二）增加成就感

涂色书的另一重要作用是让抽动症患儿获得即时的成就感。当抽动症患儿完成一个图案的涂色时，他们可以立即看到自己的努力成果，这种正向反馈能够增强他们的自信心和自尊心。成就感不仅有助于他们的心理健康，还可以激励他们在面对其他挑战时更加积极和自信。

（三）促进情绪调节

情绪调节是抽动症患儿需要特别关注的一个方面。涂色活动有其自然的放松效果，可以帮助孩子们减轻焦虑和压力。选择和使用不同的颜色来表达情感，是一种非常有效的情绪调节方式。涂色时，孩子们的注意力集中在图案和颜色上，减少了对外界压力的敏感性，从而达到放松和稳定情绪的效果。

（四）增强心理韧性

长期的涂色练习有助于培养抽动症患儿的心理韧性。在涂色过程中，孩子们可能会面对一些挑战，比如如何均匀地涂色或者选择适合的颜色。他们在面对和克服这些挑战的过程中所学到的坚持和耐心，能够被迁移到生活的其他方面，帮助他们更好地应对抽动症带来的各种困扰。

三、情感绘画

情感绘画是一种通过颜色和图像表达内心情感的创作活动，对于抽动症患儿的心理健康和情绪管理具有重要意义。通过这种方式，孩子们能够更好地认识和管理他们的情绪，从而减少情绪波动引起的抽动症发作。

（一）情感表达与理解

抽动症患儿常常难以用语言准确表达自己的情感，这可能导致消极情绪的积压和不良心理反应的出现。情感绘画提供了一个非语言的表达途径，使孩子们能够通过色彩和图像表达内心的感受。这不仅有助于他们释放内心的压力，还能让他们更好地认识和识别自己的情绪状态。通过定期的情感绘画练习，儿童可以逐渐学会如何有效地表达和理解自己或他人的情感。

（二）情绪管理

情绪管理是抽动症患儿认识需要特别关注的一个方面。情感绘画可以作为一种情绪调节工具，帮助孩子们减轻焦虑和压力。绘画过程中的色彩选择和图像构思需要集中注意力，这种专注能够转移他们对外界压力的敏感性，达到放松和稳定情绪的效果。此外，完成一幅情感绘画作品后，孩子们会有一种成就感和满足感，这对提升他们的自信心和情绪稳定性非常有益。

（三）减少情绪波动引起的抽动症发作

情绪波动是抽动症患儿常见的问题，情感绘画可以帮助孩子们更好地认识和管理情绪，减少情绪波动引起的抽动症发作。情感绘画的过程使儿童能够以一种健康的方式释放消极情绪，从而减少消极情绪积压导致的抽动行为。长期坚持情感绘画练习，儿童能够形成一种有效的情绪管理机制，对于他们的整体心理健康和抽动症状的改善具有积极作用。

四、故事绘画

故事绘画结合了故事创作和绘画，让孩子们通过图画来讲述一个故事。这种方法不仅可以激发他们的创造力，还能帮助他们以一种有趣且能够互动的方式进行情感表达和交流。对于抽动症患儿，故事绘画在心理调节和行为改善方面具有显著的作用。

（一）激发创造力

抽动症患儿通常会面临注意力无法集中和自我表达能力差的问题。故事绘画为他们提供了一个创造性的出口，使他们能够自由地表达自己的想法和情感。通过构思和绘制故事，孩子们可以在一个安全和具有支持性的环境中发展他们的创造力和想象力。这种创造性的表达不仅有助于他们的心理健康，还能增强他们的自信心和成就感。

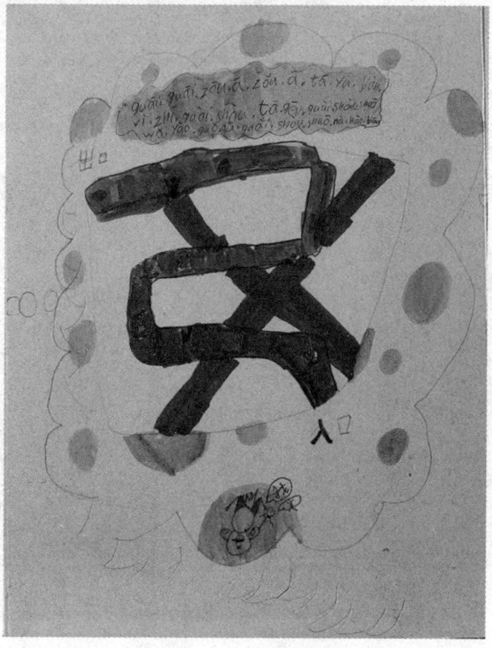

儿童故事绘画作品——宠物猫乖乖的梦想1

儿童故事绘画作品——宠物猫乖乖的梦想2

（二）情感表达和管理

情感表达是抽动症患儿需要特别关注的一个方面。故事绘画让他们可以通过绘制和叙述故事的方式，表达内心的情感和经历。这种非语言的表达方式特别适合那些有语言表达障碍的孩子。通过绘画和故事创作，孩子们能够更好地认识和管理自己的情绪，从而减少情绪波动引起的抽动症发作。

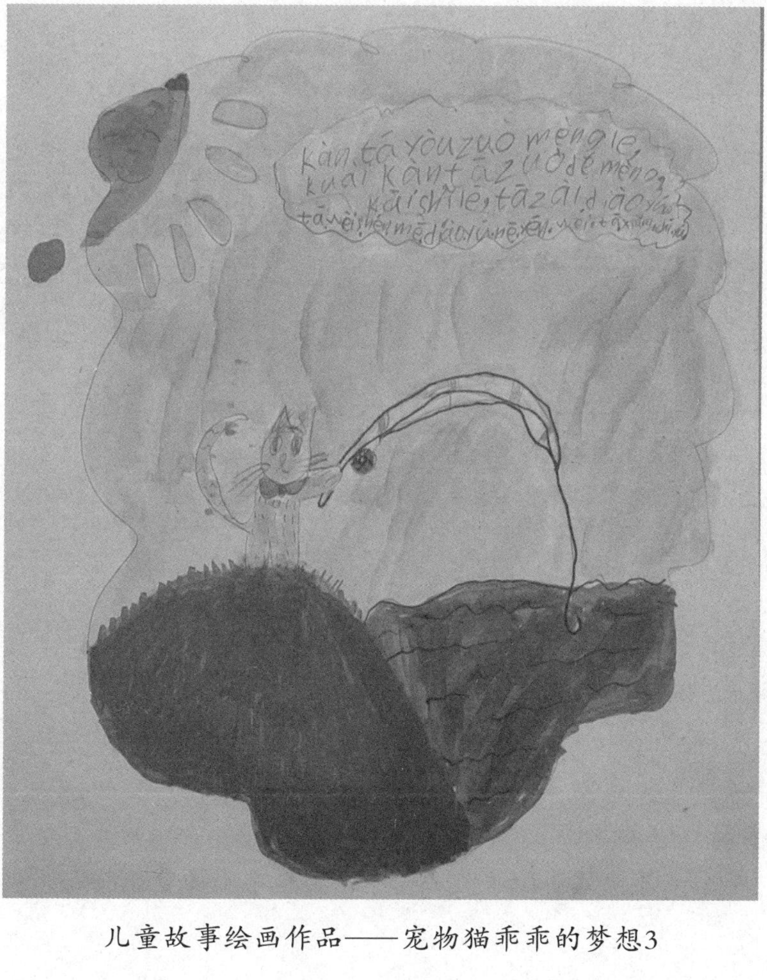

儿童故事绘画作品——宠物猫乖乖的梦想3

（三）互动和交流

故事绘画不仅是个人活动，也可以作为一种互动和交流的工具。抽动症患儿通过与家人、老师或者同伴分享他们的故事和图画，可以增强社交技能和情感联系。这种互动有助于他们建立更强的社会支持网络，增加他们的情感安全感和归属感。这种积极的互动能够让孩子们体验到更多的理解和支持，对于他们的整体心理健康和抽动症状的管理具有重要意义。

儿童故事绘画作品——宠物猫乖乖的梦想4

（四）专注和耐心

故事绘画需要孩子们在构思、绘制和叙述故事的过程中保持高度的专注和耐心。这个过程有助于培养他们的注意力控制能力，减少抽动行为的频率和强度。通过长期坚持这种活动，抽动症患儿可以逐渐学会如何在面对挑战时保持冷静和专注，这对于他们的日常生活和学习具有积极的影响。

五、户外写生

户外写生让孩子们在观察和描绘自然景物的过程中放松身心。这种活动不仅能够培养他们的观察能力和专注力，还能帮助他们在自然环境中找到内心的平静。对于抽动症患儿来说，户外自然写生在心理调节和行为改善方面具有显著的作用。

春季户外写生——梨花

（一）观察能力和专注力的培养

户外自然写生要求孩子们仔细观察周围的自然景物，并将这些景物细致地描绘在纸上。这个过程有助于培养他们的观察能力和专注力。对于抽动症患儿，专注力的提升是一个重要的目标，因为这有助于他们在学习和生活中更好地管理自己的注意力，减少抽动症发病的频率和强度。

（二）自然环境的平静作用

在自然环境中进行写生，孩子们能够接触到新鲜的空气和自然的美景，对于他们的心理健康具有积极的影响。研究表明，自然环境对身心放松具有显著的作用，能够降低压力和焦虑水平。对于抽动症患儿，在自然环境中进行写生可以帮助他们找到内心的平静，减少情绪波动，从而改善抽动症状。

（三）创造力和情感表达

通过写生，孩子们能够自由地表达对自然景物的感受和想法。这种创造性的表达方式不仅能够提高他们的绘画技能，还能帮助他们更好地认识和管理自己的情绪。抽动症患儿常常面临情绪管理的挑战，通过写生，他们可以以一种非语言的方式释放情绪，找到内心的安宁。

（四）社交互动和情感支持

户外写生通常是一个群体活动，孩子们可以与同伴一起进行创作并分享他们的作品。这种社交互动能够强化他们的社交技能和情感联系，提供情感支持。对于抽动症患儿来说，与他人分享创作过程和结果，可以让他们增强自信心和成就感，减少孤独感和焦虑感。

六、曼陀罗绘画

曼陀罗绘画是一种通过绘制曼陀罗图式来达到放松效果的绘画形式。这种绘画形式不仅具有艺术美感，还能使儿童在创作过程中集中注意力，达到减压和放松的目的。对于抽动症患儿，曼陀罗绘画在心理调节和行为改善方面具有显著的作用。

（一）集中注意力

曼陀罗绘画要求儿童选择和绘制复杂的图案，这一过程需要高度的注意力。通过专注于细致的图案绘制，抽动症患儿可以有效地训练和提高他们的专注能力。这种集中注意力的练习有助于他们在学习和生活中更好地管理自己的注意力，从而减少抽动行为的频率和强度。

儿童曼陀罗绘画

（二）促进心理放松和减压

曼陀罗绘画需要设计重复和对称的图案，这使它具有很强的冥想效果。绘制曼陀罗图案的过程有助于儿童进入一种冥想状态，从而达到放松身心和减轻心理压力的效果。对于抽动症患儿来说，这种放松和减压的过程可以显著减轻焦虑和压力，减少抽动行为的发生。

（三）情感表达和自我探索

曼陀罗绘画允许儿童借助选择颜色和图案来表达他们的内心情感和想法。这个过程不仅是一种艺术创作，还是情感表达和自我探索的途径。抽动症患儿常常面临情绪管理的挑战，通过曼陀罗绘画，他们可以找到一种非语言的情感表达方式，帮助他们更好地认识和管理自己的情绪，减少情绪波动引起的抽动症发作。

（四）提高自我效能感和成就感

曼陀罗绘画完成后的图案通常美丽而复杂，能够给予儿童一种完成任务的成就感和自我效能感。对于抽动症患儿来说，这种正面的自我评价和成就感有助于增强他们的自信心和心理韧性，提高他们应对日常挑战的能力。

艺术疗愈手段在治疗抽动症患儿的过程中展现了其独特且显著的作用。通过多种绘画形式，孩子们可以在一个安全且富有创意的环境中表达情感、提高专注力和减少压力。例如，自由绘画让孩子们随心所欲地选择颜料和工具，自由地表达内心世界，从而释放内在的压力和焦虑；涂色书提供预设图案，帮助孩子们通过填色任务提升专注力和耐心，同时增强自信心；情感绘画鼓励孩子们用色彩和图像表达情感，帮助他们更好地认识和管理情绪，减少情绪波动的影响；故事绘画结合了故事创作和绘画，激发孩子们的创造力，并提供一种有趣且具有互动性的情感表达和交流方式；自然写生在户外进行，孩子们观察和描绘自然景物、放松身心，培养自身的观察力和专注力；孩子们在绘制复杂对称的曼陀罗图案中集中注意力，达到放松和减压的效果。综合运用这些艺术疗愈手段，抽动症患儿不仅可以减少发病的频率和强度，还能在心理健康和整体生活质量方面取得显著进步，从而达到全面发展和社会适应能力提高的目标。

第三节　分形绘画对于治疗抽动症的作用

分形艺术（Fractal Art）是一种利用分形几何学原理进行创作的视觉艺术形式。分形艺术通常通过计算机生成，利用数学算法和迭代过程创造出复杂的、重复自相似结构的图像。

一、分形艺术的起源

分形艺术可以追溯到20世纪初，但其基础理论建立在分形几何学之上。分形几何学由法国数学家布诺·曼德布罗特在20世纪70年代正式提出。曼德布罗特通过研究不规则但有规律的自然现象（如海岸线、山脉、云朵等），提出了“分形”这一概念。他的著作《分形几何学：自然的形态》被认为是分形理论的奠基之作。

随着计算机技术的发展，尤其是计算能力和图形处理技术的进步，分形艺术得以蓬勃发展。20世纪80年代以来，计算机程序和算法使得艺术家能够更方便地创建和操控分形图像。具体的算法如曼德布罗特集

（Mandelbrot Set）和朱利亚集（Julia Set）等，这些为分形艺术提供了丰富的创作素材和灵感。

二、分形设计的艺术表现

（一）分形几何学

分形艺术的核心是分形几何学，分形几何学是研究具有自相似性和细节复杂性的几何形态的数学分支。分形具有以下几个主要特征。

自相似性（Self-similarity）：分形的每一个部分都类似于整体，即局部与整体在形态上有相似性。

分数维（Fractal Dimension）：分形的维度不是整数，而是介于整数之间的分数维。

迭代过程（Iterative Process）：分形图像通常通过递归的迭代算法生成，每一次迭代都在前一次的基础上进行细节的增加和复杂化。

分形设计原理是指利用分形几何学的概念和算法来创作设计作品的方法。分形几何学认为自然界中的许多形态和结构都具有自相似性，即部分与整体本身具有相似的几何特征。这种原理可以运用到艺术和设计中，创造出具有类似自然界复杂美感的作品。

（二）分形艺术的原理

分形设计通常具有自相似性，即整体的一部分与整体本身具有相似的形态和结构。例如，一幅分形艺术作品的局部可能看起来与整体非常相似，但又有微小的差异，这种特征使得作品看起来更加复杂和丰富。

分形设计通常具有细节丰富的特点，即作品中包含了许多不断重复的细节。这些细节的重复和变化赋予了作品生命力和动态感，使得观者在欣赏时能够发现更多的细节和美感。

分形设计常常展现出几何美感，例如对称性、比例感和层次感等。这些美感使得作品看起来既有秩序感又有变化感，给人以审美享受。

（三）分形设计的例子

科赫雪花（Koch Snowflake）：科赫雪花是一个经典的分形图形，不断迭代将三角形的边替换为一系列细分的边。科赫雪花展现了分形设计中的自相似性和细节的丰富性。

分形树（Fractal Tree）：分形树是利用分形几何学原理生成的树形结构，不断迭代将树枝分杈。分形树展现了自然界中树木生长的复杂性和美感。

曼德布罗特集图像：曼德布罗特集图像是通过迭代复数公式生成的分形图像，展现了复杂的几何结构和自相似性。这些图像常常被用于艺术作品和科学可视化展示中。

三、人脑在分形艺术创作中的作用

（一）创意生成

尽管分形艺术的创作基于数学原理，但其过程需要艺术家的创意和灵感。这些创意主要通过人脑的以下几种方式生成。

联想：艺术家通过观察自然界中的形态、结构和颜色，联想到分形图案。树木的分杈、河流的流向、山脉的轮廓等都可以成为分形艺术的灵感来源。例如，一位艺术家可能通过观察树叶的脉络，设计出类似的分形图案。

想象：人脑的想象力帮助艺术家将抽象的数学公式和算法转化为具体的视觉形象。例如，艺术家可以想象一种新的分形形态，并通过调整算法参数来实现这种形态。

情感体验：艺术家的情感体验赋予作品独特的情感和氛围。例如，通过色彩和形状的选择，艺术家可以表达喜悦、宁静或者激动等情绪，使作品具有更深刻的内涵。

（二）参数调控

分形图像的生成依赖于特定的数学参数设置，艺术家在创作过程中需要对这些参数进行调整。

迭代次数：迭代次数直接影响分形图像的复杂程度。艺术家通过调整迭代次数，来达到理想的视觉效果。例如，增加迭代次数可以使图像更加细致和复杂。

初始条件：初始条件决定了分形图像的基本形态。艺术家可以通过实验不同的初始条件，来发现或者创造出新的分形形态。

颜色映射：颜色是分形艺术中重要的视觉元素。艺术家通过调整颜色映射参数，来提升图像的美感和表达力。

（三）细节优化

尽管计算机可以生成初始的分形图像，这些图像通常需要进一步的细节优化和调整。

观察能力：艺术家利用细致的观察能力，识别图像中的不足之处，并进行相应的优化。例如，调整图像的边缘锐化或者进行平滑处理，使其更加精美。

微调：通过微调图像的局部区域，艺术家可以增强整体的视觉效果和艺术价值。例如，调整某些部分的颜色渐变，使图像看起来更加和谐和有层次感。

审美判断：艺术家的审美判断在细节优化过程中发挥关键作用。通过反复调整和审视，艺术家能够让作品达到最佳的视觉效果。

四、分形绘画对人脑的作用

分形绘画作为一种结合数学和艺术的创作形式，对人脑有独特而深远的影响。长期进行分形绘画不仅能提高艺术创作能力，还能提升人脑的多种认知功能。

分形绘画要求创作者在多个层次上进行思考和操作，包括数学理解、视觉艺术、细节处理和整体构图。这种思维模式有助于提高个体在以下几个方面的认知功能。

（一）抽象思维与逻辑推理

分形绘画依赖于数学公式和迭代过程，需要创作者理解和运用复杂的数学概念。通过反复练习，创作者能够提升抽象思维和逻辑推理能力。例如，理解曼德布罗特集和朱利亚集的生成原理，以及如何通过调节参数影响图像形态都能够有效提升大脑的思考能力。

（二）空间认知与视觉处理

分形图像具有高度的几何复杂性和自相似性，需要创作者具备良好的空间认知和视觉处理能力。练习分形绘画有助于提升大脑对空间结构和图案的识别和理解能力。例如，观察和调整分形图像中的细节和整体布局，能够增强对空间关系和几何形态的感知。

（三）创造力与艺术感知

分形绘画虽然是数学和算法的运用，但更需要艺术创作的灵感和创新。创作者在构思和设计分形图像时，需要不断激发和运用创造力。进行分形绘画训练，有助于提升大脑的艺术感知能力和创造力。例如，不断尝试不同的色彩组合和图形变换，可培养独特的艺术风格。

（四）长期进行分形绘画对人脑的作用

1. 增强问题解决能力

分形绘画涉及复杂的数学和艺术问题，需要创作者不断进行尝试和调整。这种过程锻炼了大脑分析问题和解决问题的能力。例如，通过调整迭代次数和初始条件，解决图像生成中的技术问题和艺术表达中的创意问题。

2. 提高专注力和耐心

分形绘画需要高度的专注和细心，尤其是在进行细节优化和参数调控时。长期练习分形绘画，有助于培养个体的专注力和耐心。例如，在反复调整和优化图像细节的过程中，个体能够锻炼持久的注意力和精细操作的能力。

3. 促进左右脑协同

分形绘画结合了数学（左脑）和艺术（右脑）的思维方式，促使大脑两半球的协同工作。长期进行分形绘画训练，有助于提高左右脑的综合运用能力和协同效率。例如，同时进行逻辑推理和艺术创作，可增强大脑整体功能的协调性。

4. 发展视觉记忆和图像处理能力

分形绘画要求创作者记住和识别复杂的图像模式和结构，有助于提高视觉记忆和图像处理能力。例如，反复观察和调整分形图像，能够锻炼大脑对复杂图案的记忆和再现能力。

分形绘画不仅是一种独特的艺术形式，更是一种有效的大脑训练方式。通过长期的分形绘画练习，创作者能够增强抽象思维、空间认知、创造力和问题解决能力，同时提高专注力、耐心和左右脑协同工作能力。这些认知优势使得分形绘画成为一种有益于大脑发展的综合性训练方法。

五、分形绘画对抽动症患儿大脑的益处

分形绘画作为一种结合数学和艺术的独特创作形式，对于抽动症患儿的心理和认知功能有显著的益处。从专业和心理学的角度分析，分形绘画可以通过以下几个方面帮助抽动症患儿改善病情，提高生活质量。

（一）增强专注力和注意力控制

分形绘画要求精神高度集中并进行精细的操作，对于抽动症儿童的注意力控制具有显著的提升作用。长期进行分形绘画训练，可以帮助这些儿童提高专注力，减少注意力分散的情况出现。

专注于绘画的过程，可以使孩子的注意力从外界干扰转移到绘画活动中，减少抽动症发病的频率和强度。在持续专注于绘画细节的情况下，孩子们逐步增加其注意力集中的时长。

（二）改善执行能力和问题解决能力

分形绘画需要个体具有良好的执行能力，包括计划、组织、记忆和灵活调度。抽动症患儿通过参与分形绘画，可以锻炼以上认知功能，提高其解决问题的能力。

在绘制分形图案的过程中，孩子们需要计划步骤、记住算法、组织图像结构，在遇到困难时灵活调整策略。这些活动有助于增强他们的认知控制能力，提高日常生活中解决问题的能力。

（三）缓解焦虑和压力

抽动症患儿常常伴有焦虑和压力。分形绘画作为一种艺术疗法，可以

帮助他们放松心情，缓解焦虑，提升情绪的稳定性。

绘画的创造性活动和颜色运用具有放松和舒缓的效果。通过在绘画过程中表达和释放情感，孩子们可以找到一种安全的情感宣泄方式，减轻心理负担，获得情感上的满足和平静。

（四）提升自我效能感和自信心

成功完成复杂的分形绘画作品，可以极大地提升抽动症患儿的自我效能感和自信心，使他们更积极地面对生活中的挑战。

绘画过程中每一次成功尝试和完成作品所带来的成就感，可以增强孩子们的自信心和自尊心。通过看到自己在完成复杂任务中的进步和成果，孩子们可以建立起更强的自我认同感和积极的自我形象。

（五）促进情感表达和社交技能

分形绘画提供了一个安全的环境，让抽动症患儿可以自由地表达情感，减少情感压抑和社交回避。

通过绘画，孩子们可以将内心的情感和想法视觉化，这种表达方式可以帮助他们更好地认识和处理自己的情绪。绘画也可以作为一种社交工具，促进孩子们与他人分享和讨论自己的作品，提升社交互动的质量。

（六）实践应用

分形绘画可以作为艺术疗愈的一部分，与心理治疗和行为干预相结合，综合提升抽动症患儿的心理和认知功能。

教师和家长可以在日常教育中引导抽动症患儿进行分形绘画，将其作为一种培养注意力和创造力的有效手段。

分形绘画作为一种结合艺术和认知训练的独特形式，对抽动症患儿有多方面的益处。通过增强专注力、改善执行功能、缓解焦虑和压力、提升自我效能感和促进情感表达，分形绘画为抽动症患儿提供了一种有效的心理和认知训练工具。结合专业的教育方法和心理治疗，分形绘画可以显著改善抽动症患儿的生活质量，提升其心理健康水平。

六、抽动症治疗实际案例展示

分形艺术和人工智能艺术都涉及算法生成图像，分别侧重于利用分形几何和深度学习来创造艺术作品。而人类的大脑结构有相似的算法与逻辑能力，结合数学思维的设计艺术能提高大脑的运算能力及专注力，从而整合大脑神经元的思维传递。儿童不用懂得艺术绘画，通过数学思维就可以绘画，他们在创作中会专注于设计，大大提升专注力。经长期训练，专注力的提升可以改善个体的心理健康状态。通过培养专注力，个体可以增强心理韧性，更好地应对生活中的各种挑战和压力，减少心理问题的发生。

案例分析：艺术疗愈训练在7岁抽动症患儿身上的应用

1. 背景介绍

一名7岁儿童被诊断为抽动症，其症状包括全身不自主地抽动和发声，伴有注意力缺陷和情绪问题。通过定期的艺术疗愈训练，这名儿童的症状得到了显著改善。

2. 训练过程及成效

●定期训练

通过系统的艺术疗愈训练，该儿童逐步掌握了绘画技巧，并且在绘画过程中学会了调节自己的情绪和注意力。训练包括分形绘画和颜色疗法。

分形绘画：绘制结合数学和艺术的复杂图案，要求高度集中和精细操作。

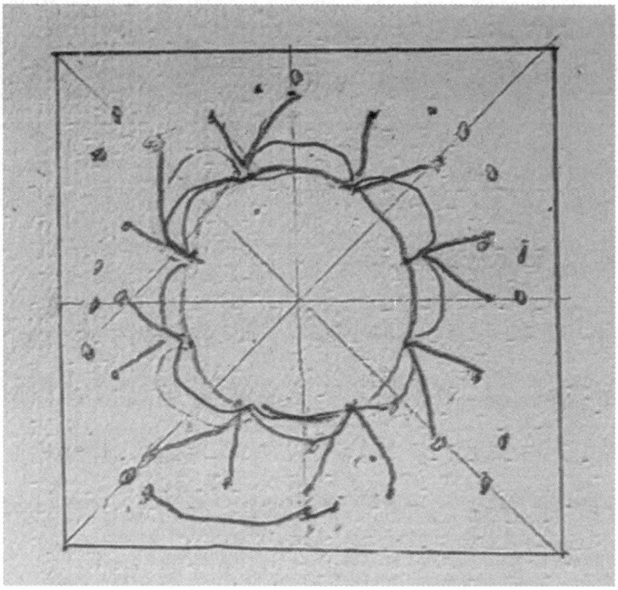

7岁抽动症儿童分形绘画阶段性训练图1

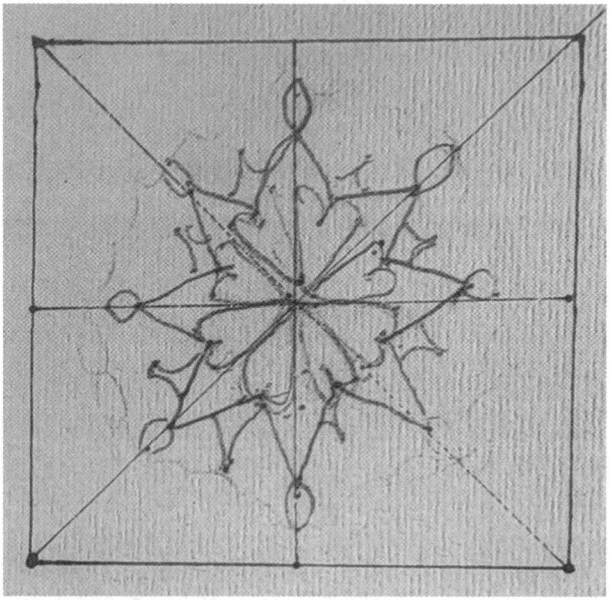

7岁抽动症儿童分形绘画阶段性训练图2

颜色疗法：使用不同颜色的绘画材料，以缓解焦虑和压力。

7岁抽动症儿童分形绘画阶段性训练图3

●行为改善

在训练过程中，该儿童的抽动行为得到了显著改善，具体表现为：

抽动频率和强度减轻：全身抽动现象减少，只在有压力的情况下出现发声抽动，但频率和持续时间都明显减少。

专注力提升：在绘画过程中，孩子的注意力集中时长增加，能够更好地集中注意力完成任务。

●学习能力和心理健康状况改善

通过艺术疗愈训练，该儿童在学习能力和心理健康方面也得到了显著改善。

学习能力：注意力的提升直接促进了学习效率的提高，该儿童在学校的表现显著好转。

心理健康：情绪更加稳定，焦虑和压力水平显著下降，自信心和自尊心得到了提升。

●反映的理论与机制

专注力和注意力控制：分形绘画的复杂性要求该儿童在创作过程中注意力高度集中，这种训练有助于提升抽动症患儿的专注力。通过反复练习，该儿童能够将注意力从外界干扰转移到绘画活动上，减少抽动行为的发生。

执行能力和问题解决能力：绘画需要计划和组织，涉及执行能力的发挥。通过绘画训练，该儿童学会了计划步骤、记忆细节、组织图像结构，并在遇到困难时灵活调整策略，有效提升了执行能力和问题解决能力。

情绪调节和压力缓解：艺术疗愈训练提供了一个安全的情感表达渠道。通过创造性活动，该儿童能够释放情绪，缓解焦虑和压力，提升情绪的稳定性。

自我效能感和自信心：成功完成绘画作品带来的成就感，增强了该儿童的自我效能感和自信心。这种积极的情感体验，帮助他在面对生活和学习中的挑战时，更加自信和积极。

该案例展示了艺术疗愈训练在儿童抽动症干预中的有效性。通过系统的分形绘画训练和颜色疗法，该儿童的专注力、学习能力和心理健康状况均得到了显著改善，抽动症状得到了缓解。这一成功案例不仅反映了艺术疗法在心理健康干预中的重要作用，也强调了综合治疗方法在改善儿童心理问题中的有效性。通过长期的艺术疗愈训练，抽动症患儿可以有更好的生活质量和心理健康水平。

以上方法结合了荣格心理学的集体无意识理论和认知行为疗愈的原理，同时融入了艺术美学中的数学思维，以及运用脑科学训练思路进行整体训练，旨在改善大脑的神经元传递行为，逐渐在大脑中形成良性的传递记忆，进而在儿童大脑生长成熟后形成完善的神经元，从而改变抽动病症。这一思路涵盖了脑科学、心理学和人类结构学等多个领域。此外，融入艺术美学中的数学思维，使训练过程更加丰富和多样，激发儿童的创造力和想象力。而脑科学训练思路则针对大脑的神经元传递行为进行干预，通过逐步训练和塑造良性的传递模式，促进大脑神经元的健康发展，从而改善抽动病症。这种综合性的专业思路，为儿童抽动症的治疗提供了更加全面和有效的方案。

第四节　干预儿童抽动症的方法

近年来，越来越多的孩子被诊断为抽动症。虽然没有具体的统计数据，但在临床实践和日常观察中，4至10岁的孩子成为该病的高发群体。发病期间，儿童表现出明显的抽动症状，如频繁眨眼、清嗓子、吸鼻子、翻白眼以及情绪亢奋等不自主行为。

在研究和临床诊疗中，患有抽动症的儿童往往表现出一些共同特征。首先，体质上，这些孩子可能更容易过敏，表现出免疫力较差，或者存在脾胃功能较弱的情况。此外，家庭环境中的因素也不可忽视。一些孩子的亲人可能具有谨小慎微、过度担忧或控制欲高的性格特征，这些家庭氛围可能加剧孩子的病情。与此同时，孩子的性格特点也值得关注。不少患儿表现出胆小敏感、性格内向等性格特质，在某种程度上可能与病情的发生与发展有关。

通过科学、全面的观察，这些共性特征为医护人员和患儿家长提供了更好的干预思路。针对不同孩子的体质、心理特征以及家庭环境，针对性强的个性化干预方案有助于更有效地管理和改善病情。

一、家庭干预方法

对于患有抽动症的孩子，建立对疾病的正确认知至关重要。孩子的症状，诸如不自主的眨眼、清嗓子、吸鼻子等行为，常会给他们带来困扰，甚至影响自尊心和社交能力。因此，帮助孩子认识自身的病情、减少焦虑与误解是认知干预的核心内容。以下方式可以有效帮助孩子提升对疾病的认知。

（一）认知干预

1.孩子认知

使用孩子易于理解的语言来解释他们的症状是身体的无意识反应，帮助他们认识到这些表现并非自我控制失败，而是一种神经系统的暂时失衡。

可以这样解释："我们的身体就像一台机器，大脑是控制所有动作的'开关'。通常，大脑会告诉我们什么时候动、什么时候停，比如你想眨眼的时候大脑会发出信号让你眨眼。但是有时候，大脑的'开关'出了点小问题，它会发出一些你并不想要的指令，比如让你不停地眨眼或者清嗓子。这些动作不是你故意做的，而是大脑无意识的反应，就像有时候机器会自己启动一样。这种情况叫作‘抽动症’，你不会一直这样，大概率会随着年龄的增长，这些不受控制的动作会慢慢减少或者消失。”

告诉孩子如何帮助我们自己的大脑，让它恢复正常。

（1）深呼吸帮助大脑放松

有时候大脑会太忙了，所以它不停地发出错误的指令。这时候，我们可以通过深呼吸来让大脑慢下来。你可以试试，深吸一口气（按腹式呼吸法），然后慢慢地把气呼出来。这样做几次，大脑就会感觉更放松，抽动的频率可能就会减少。

（2）做自己喜欢的事

当做一些让你开心、放松的事情，比如画画、听音乐或者玩耍时，你的大脑会专注在这些活动上，错误的信号也可能变少。所以，多做感到开心的事情对你的大脑有好处。

（3）让大脑“休息”

有时候大脑累了，它就更容易发出抽动的信号。如果你觉得累了，可以休息一会儿，闭上眼睛，或者去安静的地方待一会儿。这能帮助大脑恢复正常，也许过一会儿就不会再频繁抽动了。

（4）保持规律的作息

就像你需要睡觉一样，大脑也需要休息。每天按时睡觉，吃健康的食物，能帮助大脑保持健康，不会因为太累而发出错误的信号。

（5）要勇敢表达自己当下的情绪

当你感到紧张、害怕或者生气的时候，大脑可能会发出更多的错误信号，导致抽动加剧。这个时候，最好的办法是勇敢地告诉身边的家人、老师或者朋友，让他们知道你感觉到了什么。说出来，你就可以减轻内心的压力，而不让这些消极情绪积压在心里。这样，抽动的症状也可能会减轻。记住，和别人分享感受不会让你显得软弱，反而是一种非常勇敢的行为。

（6）找到适当快速排泄情绪的方法

当你感到消极情绪积压时，找到一种让自己快速释放压力的方式非常重要。比如，你可以通过运动来发泄情绪，像跑步、跳绳、打篮球等，都会让你感觉轻松。也可以试试写日记，把心中烦恼的事情写下来，或者画出你的感受。如果你喜欢音乐，听喜欢的歌甚至唱出来，都可以帮助你把那些困扰你的消极情绪释放出来。找到适合自己的方式，会让你感觉更好，也能减少抽动症状。

2.家长认知

家长作为支持者，其认知和反应对于孩子的病情管理尤为关键。为了更好地理解并应对孩子的病情，家长需要从以下几个方面进行认知调整。

（1）了解病因与过程

抽动症是一种与大脑发育有关的神经发育性疾病。这种疾病涉及大脑中控制运动、情绪和自我调节的区域，特别是基底神经节和大脑皮层的互动异常，导致不自主地抽动或者发声。研究表明，这些症状可能随着大脑的成熟而减轻，许多孩子在青春期后症状显著改善或者消失。

家长在认识这一疾病时，可以通过阅读科学文献或者咨询专家，了解孩子的症状并非有意为之。大脑在儿童成长过程中会经历剧烈的变化，情绪调节与神经控制系统尚未完全发育成熟，因此表现出异常的运动或者发声行为。避免因误解而产生焦虑情绪，有助于家长更好地为孩子提供情感支持。

（2）避免负面反馈

家长应避免将孩子的抽动行为视为“坏习惯”或者认为其“故意为之”，因为这些行为是由大脑中的神经信号异常引发的，不是孩子可以控制的。责备或者惩罚不仅不会帮助孩子改善病情，反而会让他们感到被误解、压力增大，从而加重病情。

心理学研究表明，负面的情感反馈如焦虑、羞耻或者恐惧，可能会激活大脑中的应激反应系统（例如“战斗或者逃跑”反应），加剧孩子的症状表现。相反，接纳和支持的态度有助于孩子感受到安全和放松。家长可以通过积极倾听孩子的感受，帮助他们接受自己病情，让他们知道自己并不孤单。这种心理支持不仅能减少焦虑，还能提高孩子应对抽动症状的能力。

（3）创造有利的家庭环境

家庭环境在孩子的心理成长中发挥着至关重要的作用。研究表明，压力会影响大脑中控制情绪和行为的部分，使得抽动症状更加频繁。因此，保持家庭氛围的和谐与放松，可以帮助孩子维持情绪上的稳定，减少抽动症状的出现。

家长可以避免家庭中的争吵、过度控制或者严厉管教孩子，从而减轻孩子情绪上的波动。营造自由表达的空间对于孩子尤为重要，鼓励孩子分享他们的想法和感受，有助于他们更好地应对消极情绪。心理学中提到的“安全感”理论指出，孩子如果能在家庭中感受到安全和被支持，他们的情绪调节能力将得到提升，进而有助于控制抽动症状。在情绪紧张时，家长可以和孩子一起练习放松技巧，如深呼吸、冥想等，帮助他们释放压力。

（4）理解大脑的可塑性

大脑具有很强的可塑性，特别是在儿童和青少年阶段。这意味着孩子的大脑在持续发育，并且可以通过环境、经验和教育进行积极的改造。对于患有抽动症的孩子，大脑的某些神经回路可能比常人更加活跃或者不稳定，但通过正向的引导和支持，孩子的大脑可以逐渐适应并减少这些不自主的抽动信号的发出。家长应懂得，这种变化是渐进的，需要时间和耐心，因此在孩子的成长过程中不要急于求成，而应鼓励孩子逐步克服困难。

（5）关注情绪与压力的关联

抽动症状通常与情绪和压力密切相关。大脑中的压力反应系统（如下丘脑—垂体—肾上腺轴）会在感到紧张或者焦虑时被过度激活，进而加剧抽动症状。家长应认识到，孩子的情绪波动不仅仅是心理问题，也与大脑的神经反应系统相关。因此，帮助孩子学会情绪管理、缓解压力是非常重要的。

可以鼓励孩子参与一些能够帮助放松身心的活动，如运动、音乐、绘画或者冥想，这些活动能调节大脑中的多巴胺和内啡肽水平，减少焦虑和压力感，进而有助于控制抽动症状。家长也应避免给孩子施加过多的学业或者生活压力，允许他们有自己的时间和空间来放松和调整情绪。

（6）伴有其他问题

抽动症常常伴随其他神经发育性障碍或者情绪障碍，如注意力缺陷、多动障碍或者强迫症。这意味着孩子的症状可能不限于抽动行为，还可能表现为注意力不集中、行为冲动或者强迫性思维等问题。家长需要认识到这些共存问题的重要性，因为它们也会影响孩子的生活质量和大脑功能。

通过对这些共存问题的全面了解，家长可以更好地帮助孩子找到适合的治疗方法，如行为疗法、认知疗法。这种全方位的支持有助于改善孩子的神经功能，增强他们应对多重挑战的能力。

（7）引导正向行为塑造

孩子的行为是大脑神经回路长期塑造的结果，家长可以通过正向行为的引导帮助孩子塑造健康的行为模式。行为心理学的研究表明，通过奖励和积极强化的方式，可以有效地引导孩子的行为正向发展。例如，家长可以设定目标，并在孩子表现出情绪管理成功或者抽动症状减轻时给予鼓励和赞扬，有助于加强大脑中相关的正向神经连接。这种正向强化不仅能够帮助孩子更好地控制抽动症状，还能提高他们的自尊心和自我效能感，使其在面对生活挑战时更加从容自信。

（二）艺术疗愈

艺术疗愈是一种通过创造性活动来表达情感、缓解压力和促进心理健康的方式。它能帮助人们在不受语言限制的情况下，借助视觉艺术来释放内在的消极情绪，尤其适用于儿童和患有语言障碍、情绪波动剧烈等问题的群体。以下是几种常见的艺术疗愈方法及其对心理健康的潜在帮助。

1. 线条绘画

线条是一种简单而强大的视觉语言，它能够表达情绪、思维和内在状态。在艺术疗愈中，线条绘画不是指画出简单的线条，而是指通过线条的形状、粗细、方向等表现出情感和压力的释放。例如，粗重的线条可能代表愤怒或者焦虑，而轻柔、流畅的线条则可能代表放松和平静。在观察线条的变化的基础上，家长能够帮助孩子理解和表达自己的情绪。

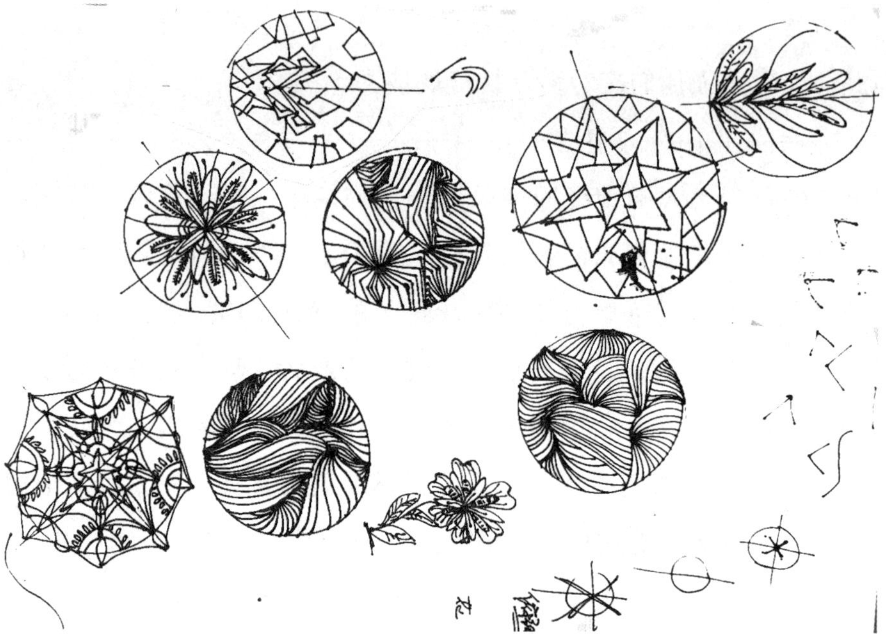

在圆形范围内绘制不同形态的线条（线条绘画的一种）

从神经科学的角度来看，抽动症孩子的神经系统往往处于高度敏感和易激的状态，导致自我调节能力减弱。而线条绘画这种低压力、无评判性的创作形式可以激发副交感神经的活性，帮助大脑从紧张的战斗或者逃跑状态（交感神经系统主导）转向更为放松的修复状态（副交感神经系统主导）。当孩子通过线条的创造体验到自主掌控感时，这种活动还能够强化其对身体和情绪的觉察，提升情绪调节的能力。

此外，在线条绘画的过程中，孩子的大脑会生成更多的正向神经递质（如多巴胺），帮助提升愉悦感和减少焦虑，对于治疗抽动症患儿起到积极的辅助作用。

2. 色彩绘画

色彩绘画在艺术疗愈中具有非常重要的作用，不同的颜色会引发不同的情感反应。研究表明，颜色能够影响人们的情绪状态，比如冷色调（如蓝色、绿色）通常具有平复、镇静的效果，而暖色调（如红色、橙色）则更具有激励性和活力。数据显示，抽动症儿童的性格往往表现得较为敏感，这与他们的神经系统过度兴奋和对外界刺激的反应有关。在艺术疗愈尤其是绘画活动中，抽动症患儿普遍倾向于使用鲜艳的颜色，这种现象可能与大脑的结构和功能相关。大脑中的一些特定区域，如杏仁核和额叶皮质，在情绪反应、视觉感知以及情感表达中发挥关键作用。抽动症患儿的杏仁核通常对情绪刺激有更强的反应，这导致他们在表达内心情感时更为直接和强烈。绘画是一种情感表达的途径，而鲜艳的颜色通常被视为强烈情感的视觉符号，因此抽动症患儿在创作时更倾向于使用鲜艳的颜色能够得到印证。

抽动症患儿绘画作品

此外，前额叶皮层对冲动控制和情绪调节具有重要影响。抽动症儿童在这些区域的神经回路中往往存在功能异常的状况，这可能导致他们难以控制情绪，表现出更为敏感和冲动的性格特质。这种情绪的外显化常通过视觉艺术中的颜色选择展现出来，鲜艳色彩的使用也许是他们的一种情感释放方式。

案例1：小明的绘画之路

小明是一名8岁的抽动症患儿。他在学校中表现出对艺术的浓厚兴趣，尤其喜欢绘画。在一次心理治疗的绘画活动中，疗愈师发现他经常选择明亮的红色、黄色和橙色来描绘自己的情绪。通过对他的绘画作品分析，疗愈师发现他倾向于使用暖色调来表达兴奋、焦虑等情感。这与其在情绪调节上的困难相吻合，表明小明在使用艺术表达情绪时选择了更加直接且视觉冲击力强的方式。

治疗过程中，绘画成为小明的一个重要情绪表达渠道。每当他感到焦虑或者不安时，他都会通过绘画来舒缓情绪。小明母亲表示，在参与绘画治疗后，他的情绪爆发次数减少了，学会了通过色彩表达复杂的情感，而不再通过抽动来释放紧张感。

案例2：小花的色彩世界

小花是一名7岁的抽动症女孩。她特别喜欢使用紫色等冷色系，但这些颜色通常搭配强烈的对比色，如黄色和红色。在与心理专家的对话中，她提到这些颜色让她感到安全和放松。

通过分析小花的作品，疗愈师发现她对情感的表达有一种独特的视觉偏好，冷暖色调的强烈对比可能反映了她内心的复杂情绪。一方面，她希望通过安静的冷色来缓解焦虑，另一方面，鲜艳的颜色代表她内心的活力和情绪波动。这种色彩偏好显示出她在处理情感时的多层次性格。

通过色彩绘画，孩子们可以表达他们当下的情绪状态。家长可以引导孩子们选择代表心情的颜色，并通过绘画来释放他们的消极情绪。对于那些难以用语言表达的情感，色彩可以成为一种替代的情感表达方式。举例来说，感到焦虑的孩子可能会选择深色或者暖色系进行绘画，而通过引导逐渐加入柔和的色彩，可以帮助他们找到心理上的平衡与舒缓。

3. 故事绘画

故事绘画是一种将视觉艺术与叙事技巧相结合的创作方法，特别适合那些面临情绪困扰或者沟通存在障碍的孩子。孩子们可以以绘画为媒介，将他们内心的情感、想法以及经历转化为具体的视觉表达。他们不需要依赖语言去传达感受，而是通过角色、形象和场景来构建一个人物和事件。这种方法不仅减少了语言表达的压力，还为孩子们提供了一个更加直观、个性化的情感表达途径。

周一13	周二13	周三13	周四13	周五13	周六13	13+13+13+13+13+13+13=91 周日13
可爱的姐姐	在教室里别害怕	小狗玛丽	大树会喵呀	大树的名字	爱你的姐姐	大猫咪
代课老师是恐龙	李白回到现代生活了	我在月球生活	小树成精了	灯没电了	喜欢方妮的妈妈	大黄狗
爱放屁的猫咪	放屁能飞到太空的爷爷	见到了火星人	精灵来了	小女孩的头发	[illegible]的红色头发	小本书
树叶变成人了	变成超人的老师	星星宠物	飞龙小人	人子是谁的	太阳变成了苹果	爱你的妹妹
会打雷的爸爸	快使的神笔	飞虎小队	我想上山了	我的小鸡	油笔的画真好看	大抽奖
喜欢小狗的妈妈	[illegible]迷走了	为什么200000多	地球变大了	小鸭走去了	爱心人变成手表了	爱你的小狗
小兔子花花	花纹的[illegible]	毛巾飞走了	云变成[illegible]	小猫的鱼	小纸片的秘秘	铅笔的笔
铅笔大军来也	妈妈的节日	被子变小了	公主变成王子了	见到了外星人	迷路的鸭子	大象的[illegible]
101个毛笔	大大小小动物的	叶子变成人了	还有绿色的[illegible]	英语书的[illegible]	老鼠的耳朵	笔的秘秘
100分的考卷	姐姐的英语[illegible]	妈妈的[illegible]大了	一只想飞的猫	仔细的阿姨	帽子的秘秘	我的心
大树长高了	字典没字了	奶奶和神仙	小狗的房子	喜欢猫咪的人	生日礼物	妈妈的[illegible]
会飞的小马	小鱼会说话了	姐姐是猴子	孤独的字典	爱心人	生日快乐	爱心[illegible]
大火起	文具不听我的了	小猫都逃跑了	我们的国家叫中国	有表的妈妈	生日就是明天	三角的[illegible]

8岁女孩创作的故事绘画标题

在创作过程中，孩子们可以自由地构思和设计自己喜欢的角色，并为这些角色创造独特的故事情节。每个角色、每段故事都可能反映出他们内心的某些情感或者潜在冲突。例如，一个勇敢的英雄可能象征着孩子面对恐惧的愿望，而一个陷入困境的角色则可能揭示出他们对某些现实问题的焦虑或者困惑。通过这些虚拟情境的构建，孩子们能够以一种间接的方式应对生活中的压力和挑战，探索内心深处的情感。

这种故事绘画还具有强大的心理疗愈作用。通过自主创作故事，孩子们获得了对虚拟世界的掌控感，而这种掌控感能够转化为对现实生活中的问题积极应对的机制。创造性的绘画还可以提高孩子们的自信心，尤其是在他们看到自己能够完整地讲述一个故事时，他们会感到骄傲和满足。这种成就感能够激发他们的自尊心，进而增强他们对自己生活和情感世界的掌控能力。

此外，故事绘画可以促进孩子们的情感反思和自我理解。通过创作和叙述自己的故事，他们能够更加深入地了解自己的感受，逐步发展出更好的情绪调节能力。这不仅有助于孩子们处理当前的情感困惑，也能够为他们在未来面对挑战时提供积极的情感应对策略。

综合而言，故事绘画让孩子在轻松、无压力的环境中进行自我表达，它不仅能够改善他们的情绪，还能够为他们提供一个安全的情感释放平台。这一过程对于心理健康的提升具有长期的积极影响，有助于孩子们在心理和情感方面更加健康地成长。

4. 自由绘画

自由绘画作为一种艺术疗愈方法，不仅为孩子提供了一个开放的平台，鼓励他们通过视觉艺术表达自我，而且有助于他们从非语言的角度探索内心世界。这种表达方式非常适合那些语言能力有限或者不愿意通过语言表达情感的孩子。在绘画中，孩子们可以以直观、自由的形式具象化内心的困扰和情感波动，哪怕他们并不总是能够准确地描述或者理解这些感受。

在心理干预的过程中，绘画中的形象、颜色、线条和构图常常能够透露出孩子的情感线索。绘画作品中的重复图案可能象征着孩子内心的焦虑或者习惯性的思维方式，而色彩的使用则常常是情绪的反映——例如，深色调可能预示着抑郁或者低落的心情，而明亮的色彩则可能传达出积极或者兴奋的情绪。

通过引导孩子进一步审视自己的绘画内容，能够更好地帮助他们探索并认识潜在的情感问题。在这个过程中，孩子不仅学会表达自己的情感，还能逐渐培养出自我反思与内在平衡的能力。此外，自由绘画中的创作没有任何对错之分，这使孩子能够体验到一种无拘无束的自由感，进而提升他们的自信心和自主性。

7岁孩子自由创作画面

自由绘画的一个重要目标是提高孩子的情绪调节能力和心理韧性。通过反复练习艺术表达，孩子可以逐步学会在面对压力时使用创造力和非语言的手段进行自我调节。这种体验不仅有助于他们在压力环境下保持情绪稳定，还有助于维持心理健康。

（三）行为疗愈

1. 运动

运动是调节抽动症的重要方法之一。通过每天进行定时的身体活动，可以帮助减轻抽动症状，改善整体健康状况。推荐的运动方式包括：

跳绳：跳绳是一项高强度的有氧运动，可以有效提高身体的协调性和耐力，同时帮助释放紧张情绪。建议每天进行5—10分钟的跳绳练习，以增强心肺功能和肌肉力量。

滑板：滑板运动不仅能锻炼身体的平衡能力，还能提高身体的协调性和灵活性。每周安排几次滑板练习，有助于释放多余的能量，改善情绪状态。

羽毛球：羽毛球是一项需要快速反应的高强度运动，对改善神经系统功能有积极作用。建议每周参与几次羽毛球运动，以提高身体的灵活性和反应能力。

跑步：跑步是全身性运动，对于减轻焦虑和压力具有显著效果。每天进行5—10分钟的跑步，可以帮助释放体内的紧张感，促进心理健康。

骑自行车：骑自行车是一项适合各年龄段的有氧运动，有助于增强心肺功能和下肢肌肉力量。在骑行过程中，孩子们能够体验到外部环境的变化，有助于分散注意力，减缓紧张和焦虑感。建议每周安排2—3次骑自行车活动，每次20—30分钟，以促进身体健康和情绪放松。

2. 冥想

冥想是一种放松和集中注意力的技巧，有助于减轻焦虑和缓解抽动症状。冥想可以帮助孩子们提高自我意识，增强情绪调节能力。建议的冥想方法包括：

睡前冥想：每天晚上睡前进行5—15分钟的冥想练习，有助于放松身心，平复情绪。可以采用深呼吸、集中注意力或者引导想象等冥想技巧，以帮助减轻白日的压力和焦虑。

渐进性肌肉放松：结合冥想进行渐进性肌肉放松练习，通过系统地放松各个肌肉群，进一步达到身心的放松效果。

3. 呼吸训练

呼吸训练是改善神经系统功能和情绪调节的重要方法。有效的呼吸技巧能够帮助孩子们放松身心，减轻抽动症的症状。推荐的呼吸训练方法包括：

深呼吸：鼓励孩子每天进行深呼吸练习，采用腹式呼吸的方式，使吸气和呼气的过程缓慢而深长。这种方法有助于增加氧气供应，减少身体的紧张感和焦虑感。

箱式呼吸：这种方法包括吸气、屏息、呼气和保持四个步骤，每个步骤持续4秒钟。这种有规律的呼吸方式可以帮助孩子们保持稳定的呼吸节奏，促进心理平衡。

呼吸放松技巧：结合深呼吸和渐进性肌肉放松技术，帮助孩子在焦虑或紧张时进行有效的放松，以提高自我调节能力。

（四）语言疗愈

语言疗愈是指通过特定的沟通方式来调节情绪和促进心理健康，特别适用于抽动症的调节。以下是两种有效的语言疗愈策略。

1. 正向语言

正向语言指的是使用积极、鼓励和支持的语言来增强个体的自信心和心理韧性。对于抽动症患儿来说，正向语言能够有效缓解焦虑、提升自我价值感，促进心理健康。具体方法包括：

赞美和鼓励：当孩子完成任务或者表现良好时，给予及时和真实的赞美与鼓励。例如，可以使用“你今天在课堂上的表现非常出色，我为你感到骄傲”这样的表达方式，帮助孩子感受到自己的成就和价值，从而提升自信心和积极性。

积极的自我对话：鼓励孩子进行积极的自我对话，通过正向语言表达自我信念。例如，引导孩子使用“我相信自己能够做到”或者“我正在不断进步”这样的句子。这种方法能够提高孩子的自我激励和应对挑战的能力，帮助他们以积极的心态面对困难。

建设性反馈：在给予反馈时，采用具有建设性的语言，而非直接批评。例如，可以使用“让我们一起看看怎么改进这个问题”替代“你总是做不好”。这种方式可以帮助孩子从错误中学习，找到解决问题的途径，而非感到挫败或者沮丧。

通过正向语言的应用，孩子能够建立起积极的情绪，增强面对挑战时的心理韧性，同时改善与他人的关系，提高社交互动的质量。家长在孩子建立自信心和正面的自我认知上也具有重要的责任。抽动症患儿可能因为自身症状而感到自卑或者被孤立，家长应当通过积极的语言和行动，帮助孩子认识到自己的独特性和优势。

2. 睡前聊天

睡前聊天是一种通过亲密的语言交流来帮助孩子放松并建立安全感的

策略。它不仅有助于缓解孩子的焦虑和紧张，还能促进亲子关系的融洽，促进心理健康。具体内容包括：

分享日常经历：在睡前与孩子进行轻松的对话，分享彼此的日常经历，讨论当天的愉快事件和快乐时光。这种交流能够帮助孩子回顾正面的经历，保持良好的情绪状态，为入睡做好心理准备。

讨论感受和担忧：鼓励孩子在睡前表达他们的感受和担忧，给予充分的理解和支持。可以问诸如“今天发生了什么让你开心的事”或者“有什么让你感到不安的事情吗”的问题，积极倾听和回应，帮助孩子释放压力，增进亲子感情联系。

营造放松的氛围：使用温暖和轻柔的语调，帮助孩子在睡前放松。例如，可以通过讲述温馨的故事、朗读喜欢的书籍或者轻声交谈来营造一个安静舒适的入睡环境。这种方式有助于孩子入睡，提升睡眠质量。

设定积极的期望：在睡前聊到积极的期望和愿望，如“希望明天是愉快的一天”或者“我相信你会越来越好”。这种积极的暗示可以帮助孩子平和心态，准备迎接新的一天。

通过正向语言和睡前聊天的策略，孩子不仅能够得到心理支持、保持心理健康，还能在抽动症的治疗上获得积极的效果。

（五）建立良好的师生沟通机制

良好的师生沟通机制对于帮助抽动症学生调节情绪、适应学习环境至关重要。良好的沟通不仅能够提升学生的学习效果，还能帮助教师更好地了解学生的需求，从而提供个性化的支持。

1. 定期反馈与沟通

家长与教师之间的定期沟通能够确保学生的学习情况和心理状态得到

持续关注。家长和教师应当通过多种方式保持紧密联系，定期讨论学生在学校中的表现和在家中的情绪状态。家长可以将学生在家中的行为反馈给教师，教师也可以向家长提供学生课堂上的表现情况，双方共同制订相应的支持策略。例如，如果学生在课堂上表现出专注力下降，教师可以尝试调整教学方法，而家长则可以在家中提供辅助练习，帮助孩子在不同的环境中共同应对抽动症带来的挑战。

2. 积极倾听与理解

教师在与抽动症学生互动时应表现出理解和同理心，耐心倾听他们的诉求。由于抽动症儿童常常会因为症状的干扰而产生情绪波动，以致难以适应课堂环境，教师在给予指导时应避免直接批评，取而代之的是通过正向的沟通方式进行支持。例如，在孩子表现出不安或者无法完成作业时，教师可以问："我看到你今天似乎有些烦躁，能告诉我怎么帮你吗？"这种积极的提问与倾听能够帮助学生感受到被理解和支持，从而提高他们的情绪调节能力。

通过建立开放、持续的师生沟通渠道，教师和家长可以共同应对抽动症带来的挑战，确保学生在学业和情感方面都能够获得所需要的支持。

（六）社会支持的重要性

社会支持对抽动症患儿的心理健康和神经发育具有至关重要的作用。来自家庭、学校和社会的正向支持不仅能缓解儿童的心理压力，还能帮助他们更好地应对抽动症带来的困扰，促进身心健康。

1. 社会支持的多维度性

孩子的社会支持网络应该包括家庭成员、教师、同学和朋友。不同来源的社会支持能够满足孩子在不同环境下的心理需求。家庭中的正向支持可以增强孩子的安全感和自信心，而来自同学和朋友的支持则有助于孩子的社交融入和自我认同感的提升。在多维度的支持体系的帮助下，孩子可以在遇到困难时可以感受到鼓励和理解，降低孤独感。

2. 社会支持对神经发育的积极影响

研究表明，充足的社会支持对孩子的大脑发育和神经系统功能具有积极的影响。社会支持可以减少大脑中的氧化应激反应，从而缓解抽动症的症状。当孩子感受到来自亲友、教师和同学的关心与支持时，他们的心理压力会相应减少，神经系统的功能调节也会得到改善，从而有助于减轻症状。

3. 家长在社会支持中的作用

家长在帮助孩子建立和维护社会支持网络中发挥关键作用。一方面，家长可以通过积极参与孩子的治疗过程，与学校保持沟通，确保孩子在学校里得到理解和照顾。另一方面，家长应鼓励孩子与同龄人建立积极的社交关系，例如参与课外活动、结识新朋友，帮助他们提高社交技能水平。通过这种方式，家长能够帮助孩子在不同的社交环境中找到情感支持和归属感。

只有家长充分认识社会支持的重要性，并积极构建和维护社会支持网络，孩子才能够在面对抽动症挑战时获得持续的心理支持，从而改善自身的情绪状态和神经功能。这种综合性的支持系统不仅能提高他们的生活质量，还能促进他们的心理健康和个人成长。

对于抽动症孩子的父母来说，减少自身的焦虑情绪是帮助孩子的关键。父母首先需要接受孩子的独特性，才能以平和的心态对待孩子。只有父母信任孩子，孩子才有机会进行自我修复。在这个过程中，时间和坚持是必不可少的。父母还需要深入寻找孩子的问题根源，才能提供真正有效的帮助。

第五节　大学生艺术疗愈课程案例

在大连理工大学城市学院，每月都会举办四期面对大学生的艺术疗愈活动，旨在通过艺术疗愈的方式，帮助大学生调节情绪，预防心理问题的产生，并促进学生的健康发展。艺术疗愈活动结合了心理学和艺术疗愈的原理和方法，通过不同形式的艺术创作和体验，为大学生提供了一个情感表达和情绪调节的平台。

大学生艺术疗愈作品1

首先，学院根据心理学的相关理论，了解到情绪的表达和调节对于个体心理健康的重要性。因此，学院每期设计不同的艺术疗愈主题，以满足大学生不同情绪和需求的调节。例如，可以通过绘画、泥塑、色彩表现等形式进行情感表达和释放，帮助大学生理解和处理内心的消极情绪，缓解压力和焦虑感。

大学生艺术疗愈作品2

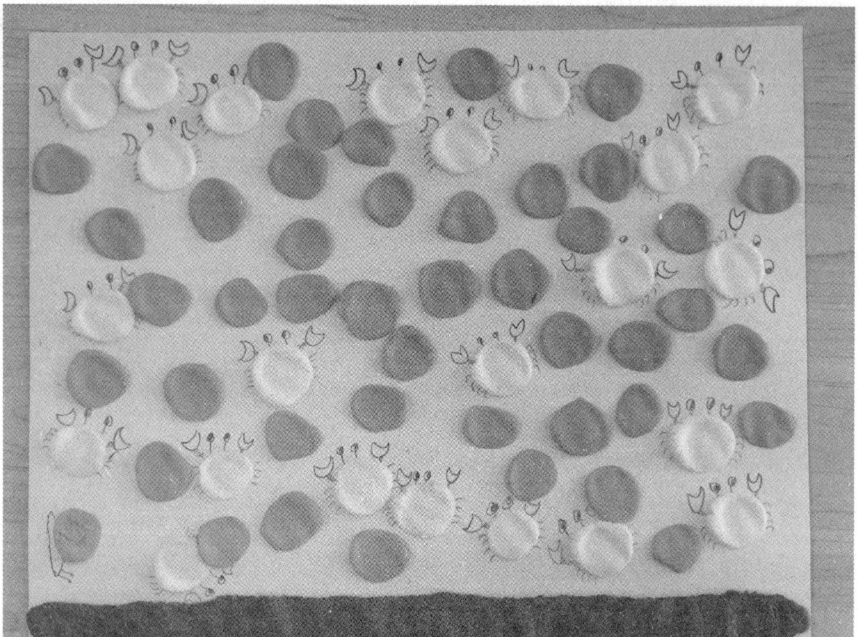

大学生艺术疗愈作品3

其次，艺术疗愈活动还融合了艺术疗愈的原理和技术，通过艺术创作和体验，激发大学生的创造力和想象力，促进消极情绪的释放。例如，大学生们可以通过心情日记绘画、创作情感故事、表达内心感受等方式，将消极情绪转化为艺术作品，达到情感宣泄和情绪调节的目的。

最后，学院的目标是帮助大学生保持健康的心态和生活方式，从而形成自信积极的态度，面对生活中的挑战和困难。通过参与艺术疗愈活动，大学生可以体验到情绪的变化，学会用艺术的方式表达自己的情感，培养积极的情绪调节能力和应对压力的能力，从而达到心理健康的目的。

大学生将内心潜意识以绘画的形式表现出来

大连理工大学城市学院开展的艺术疗愈活动，旨在通过心理学和艺术疗愈的专业知识和技术，帮助大学生调节情绪、释放压力，促进心理健康和全面发展。通过持续的日常干预和疗愈活动，学院希望大学生能够在快乐、健康的氛围中成长，以积极、自信的人生态度迎接未来的挑战。

艺术疗愈工作坊——心理疗愈现场引导

参考文献

［1］荣格，索努·沙姆达萨尼.红书［M］.周党伟，译.北京：机械工业出版社，2012

［2］卫礼贤，荣格.金花的秘密［M］. 北京：中央编译出版社，2020

［3］罗伯特·约翰逊.与梦对话：荣格的释梦法与积极想象［M］.北京：世界图书出版公司，2021

［4］艾德蒙·伯恩.焦虑症与恐惧症手册［M］.重庆：重庆大学出版社，2024

［5］艾伦·T.贝克，加里埃默里，鲁斯·L.格林伯格.焦虑症和恐惧症——一种认知的观点［M］.张旭东等，译.重庆：重庆大学出版社，2015

［6］雪伍，王岩.生命之树：个人成长与能量疗愈［M］.北京：中国文联出版社，2015

［7］约翰·佩森提尼.儿童青少年强迫症：治疗师指南［M］.北京：

中国人民大学出版社，2010

［8］卡森斯.笑是治病的良药［M］.刘静，译.长春：吉林文史出版社，2008

［9］稻盛和夫.活法［M］.北京：东方出版社，2013

［10］袁了凡.了凡四训讲记:改造命运心想事成［M］.北京：中国出版集团，中国对外翻译出版公司，2009

［11］卡尔·R.罗杰斯.卡尔·罗杰斯论会心团体［M］.张宝蕊，译.北京：中国人民大学出版社，2006

［12］凯西·马奇欧迪.以画疗心：用艺术创作开启疗愈之旅［M］.北京：中国人民大学出版社，2019

［13］阿尔伯特·斯基普·里佐，斯蒂芬·布查德.虚拟现实技术在心理和神经认知干预中的应用［M］.北京：中国传媒大学出版社，2024

［14］郭召良.认知行为疗法:123项实用技术［M］.北京：人民邮电出版社，2020

［15］约翰·瑞迪.运动改造大脑［M］.杭州：浙江科学技术出版社.2023

［16］史蒂夫·比达尔夫.养育女孩［M］.北京：中信出版社.2024

［17］金伯莉·布雷恩.你就是孩子最好的玩具［M］.夏欣茁，译.广州：南方出版社.2016

［18］简·尼尔森.正面管教［M］.北京：北京联合出版社.2020

［19］品墨.陪孩子终身成长［M］.北京：中国工业出版社.2021

［20］彼得·布朗，亨利·勒迪格三世，马克·麦克丹尼尔.认知天性［M］.北京：中信出版社.2018

［21］林思诚.非暴力沟通［M］.成都：成都地图出版社.2020

［22］周彬，崔巍，许嘉城，王建民.艺术疗愈概论［M］.北京：中国纺织出版社.2023